Jardinería desértica
mes por mes

Jardinería desértica
mes por mes

George Brookbank
y Félix P. Hurtado

Editorial de la Universidad de Arizona
Tucson

The University of Arizona Press
© 2001 The Arizona Board of Regents
First Printing
All rights reserved

♾ This book is printed on acid-free, archival-quality paper.
Manufactured in the United States of America

06 05 04 03 02 01   6   5   4   3   2   1
Library of Congress Cataloging-in-Publication Data

Brookbank, George, 1925–
    [Desert gardener's calendar. Spanish]
    Jardinería desértica : mes por mes / by George Brookbank
and Félix P. Hurtado.
        p. cm.
    Includes bibliographical references (p.).
    ISBN 0–8165–2154–9 (pbk.: alk. paper)
    1. Gardening—Southwest, New. 2. Desert gardening—
Southwest, New. I. Hurtado, Félix P., 1924– II. Title.

SB453.2.S67 B6618 2001
635'.0979'09154—dc21

                        00–012931

British Library Cataloguing-in-Publication Data
A catalogue record for this book is available from the British
Library.

La riqueza de la lengua es una herramienta para conocer el mundo que nos rodea.

—**Manuel Alvar Ezquerra**
The Oxford-Duden Pictorial Dictionary, 2d ed., 1995

Tabla de materias

Prólogo

E̶ste calendario para la jardinería del desierto escrita en español está basado en las publicaciones de George Brookbank *Desert Gardening* y *Desert Landscaping*.

Gracias a la eficiente colaboración de Francisco Delgado, profesor de Biología y Horticultura en el Colegio Comunitario del Condado Pima en Arizona. Su experiencia y dominio del idioma español nos ha permitido que este material represente un instrumento valioso para aplicar la tecnología moderna en la jardinería del desierto. Varias fotografías se han incluido en cada mes relacionadas con las realidades del desierto de Sonora.

Esta publicación está dedicada a la población hispana y también en honor a mi hija Elisa Kinder por su esfuerzo y ayuda el la preparación de este libro.

Félix P. Hurtado

Jardinería desértica

mes por mes

Los diez puntos y reglas más importantes para tener un jardín con magníficos resultados

1. Seleccione un buen lugar para sembrar

Seleccione un lugar con buena luz solar, que no esté próximo a árboles o arbustos y que tampoco esté en pasillos entre dos casas. Como las sombras en el invierno son más largas, hay que tener cuidado donde se plantan hortalizas de esta temporada pues éstas necesitan al menos seis horas de luz solar diarias.

2. Haga el plan del plantío antes de sembrar

Debe de tener agua cerca o tendrá que extender una manguera—con un diámetro mínimo de 3/4"—y trate de no extenderla sobre las plantas. Si tiene caliche a menos de dos pies de la superficie del suelo, trate de romperlo. Si la tierra es muy fina, tendrá que usar macetas. Puede mezclar hortalizas con flores o usar muchas áreas chicas de diferente forma y así no necesitará un área grande.

3. Siembre variedades recomendadas

Es buena idea cada año tratar alguna variedad nueva para comparar los resultados entre diferentes hortalizas de invierno—las que crecen entre septiembre y mayo, que incluyen col, coliflor, bróculi, lechuga, zanahorias y remolacha. Las hortalizas de verano crecen entre marzo y noviembre e incluyen tomate, chile, berenjena y maíz. El Centro Cooperativo de Extensión de Jardinería de la Universidad de Arizona tiene listas de las mejores variedades de hortalizas para cada temporada.

4. Obtenga semillas de calidad, buenas plantas, equipo y suministros

Obtenga semillas frescas. Compre plantas saludables y sin insectos.

5. Prepare y cuide el terreno apropiadamente

    a. Moje la tierra hasta una profundidad de 12 pulgadas.
    b. Aplique una capa de dos a tres pulgadas de abono de vaca.
    c. Aplique tres libras de fosfato de amonio y cinco libras de azufre por cada 100 pies

cuadrados; mézclelo con la tierra a una profundidad de 12 pulgadas.

d. Rastrille la tierra hasta que esté bien nivelada y plana.

e. Haga un borde para contener el agua.

f. Asegúrese que pueda llegar al centro de su jardín sin tener que pisar la tierra donde sembró.

6. Plante las hortalizas apropiadamente

Método por semilla

a. Siembre las semillas a la profundidad apropiada: dos veces más grande que el tamaño de la semillas.

b. Distribuya las semillas sobre la superficie del suelo, no las plante en surcos.

c. No siembre las semillas muy amontonadas.

d. Mantenga las semillas húmedas.

Método por trasplante

a. Trasplante en un día nublado o después de la caída del sol.

b. Maneje las plantas con cuidado.

c. Haga un hoyo de buen tamaño.

d. Use un fertilizante alto en fósforo (una cucharada de fosfato de amonio en un galón de agua y use dos tazas por planta).

e. Cubra las raíces bien. Proteja las plantas del sol, del aire y del frío.

7. Riegue con cuidado

Mantenga la tierra húmeda. Determine la necesidad de agua usando una varilla de metal, empujándola en la tierra. Debe entrar hasta 12 pulgadas. No moje las hojas y flores. Riegue en la mañana.

8. Controle las malezas

Las malezas le roban a las plantas agua, nutrición y luz. Las malezas favorecen la presencia de insectos y enfermedades. Los productos químicos contra las malezas generalmente no se recomiendan. Elimínelas manualmente antes de que crezcan.

9. Esté preparado para controlar plagas y enfermedades

Vigile que las plantas no tengan insectos o enfermedades. Mate los insectos tan pronto como los vea.

10. Temporada para sembrar hortalizas

Para ayudarlo a sembrar durante el tiempo apropiado, use la tabla "Fechas para plantar hortalizas de acuerdo con la elevación del lugar", presentada al final, que le sugiere los mejores meses para sembrar en Tucson, Arizona. (La Universidad de Arizona en Tucson está a 2,423 pies sobre el nivel del mar.)

Enero

Enero es un mes generalmente tranquilo pero debe prestarse atención al pronóstico del tiempo ofrecido por la radio y la televisión, especialmente si anuncian una helada. En ese caso cubra sus plantas con cobijas ligeras, sábanas grandes o cajas de cartón que retengan el calor del sol, y al día siguiente por la mañana, destápelas para que el sol las caliente de nuevo.

Los focos eléctricos instalados debajo de los árboles ayudan a protegerlos si va a hacer mucho frío con temperaturas bajo 20° F o si hay varios días de poco sol. Si hay una nevada, sacuda la nieve de las plantas para evitar que su peso rompa las ramas. Deje que la nieve permanezca en las plantas bajas y en el zacate; no pise el zacate ya que puede dañarse. Después de una helada, no es necesario cortar la fruta de los árboles. La fruta que crece en el interior del follaje del árbol está protegida. La que se encuentra más expuesta puede helarse. Si esto ocurre, se recomienda quitarla del árbol. Si sus plantas parecen haber sido dañadas por la helada, no se apresure a podarlas hasta que en la primavera empiecen a brotar hojas nuevas en las partes sanas.

Éste es buen tiempo para adquirir plantas a punto de florecer para llenar los lugares vacíos en el jardín. Estas plantas no crecerán hasta que vuelva el buen tiempo, pero se verán más atractivas que las plantas muertas.

Aunque las lluvias del invierno ayudan a que se desarrollen las malezas, también ayudan al desarrollo de las flores silvestres. La ausencia de las malezas significa que no ha llovido y entonces es necesario regar. Para averiguar si hay suficiente humedad al nivel de las raíces del zacate de centeno (*Lolium multiflorum*) y de las flores, use un medidor de humedad. Si sembró flores silvestres en el mes de octubre y no ha llovido, tendrá que regarlas también. No debe regarse el zacate por la noche. El zacate de centeno anual es muy susceptible a los hongos. Riéguelo temprano por la mañana hasta una profundidad de dieciocho pulgadas y deje que el sol lo seque.

Éste es buen tiempo para plantar árboles. En enero, la abundancia de hojas amarillentas en los árboles y los arbustos indica que necesitan nitrógeno que puede aplicarse durante este mes. No se debe poner la ceniza de la chimenea en los terrenos alcalinos del desierto.

En resumen se recomienda:

❖ Mantener la tierra suficientemente húmeda.
❖ Proteger las plantas, los árboles, el zacate y las macetas del patio contra los vientos, las heladas y la sequía.
❖ Sacudir las ramas después de las nevadas o granizos.
❖ Regar temprano por la mañana si no llueve con frecuencia.
❖ Revisar los árboles para reparar los daños o plantar nuevos.
❖ Controlar las malezas.

La poda del invierno

La importante tarea invernal de podar los árboles frutales debe realizarse antes de que aumente la temperatura y aparezcan ramas y hojas nuevas. El árbol dará mucha fruta como resultado de una poda bien hecha. La poda establece la futura forma del árbol y al mismo tiempo ayuda a mantenerlo sano. Hay dos clases de poda. La primera tiene como fin mejorar la apariencia de las plantas y los arbustos ornamentales. La segunda tiene como fin fomentar una buena cosecha de frutas y mantener su producción durante muchos años. No se deben emplear simultáneamente los dos métodos de poda, ya que se puede arruinar el árbol de esta manera.

Aunque el árbol no tenga hojas, es posible que exista algún movimiento de la savia. Para comprobar esto, corte una o dos ramitas para observar si sale la savia. La savia lechosa del árbol de mora y el jugo claro y abundante de las parras son fáciles de observar. En las ramitas del chabacano y del durazno siempre hay un poco de humedad, pero asegúrese que no haya gran cantidad de savia antes de cortar las ramas.

Es bueno tener a mano una sierra o serrucho pequeño de poda cuando hay que cortar una rama o tronco grueso. Los dientes de los serruchos de podar están colocados en forma diferente de los que usan los carpinteros; se corta cuando retira el serrucho y no cuando lo empuja. Aunque hay distintas opiniones sobre el uso de la pintura negra, se recomienda su aplicación en los cortes al terminar la poda.

Los árboles que producen sombra deben podarse ligeramente con el fin de permitir el paso del aire entre las ramas. Los árboles frutales, las rosas y las parras pueden podarse drásticamente sin causar mayor daño. La poda excesiva puede reducir la producción de fruta pero no puede causar la muerte del árbol. Recuerde que mientras más se poda, más crecerá la planta. Quite las ramas que crecen hacia el centro del árbol y corte las ramas largas y altas para mantener la fruta a buen alcance.

La poda descuidada

Es necesario proteger el corte de las ramas con pintura de podar para evitar que se desprenda la corteza del árbol permitiendo la penetración de las esporas de hongos y también bacterias que enseguida se introducen en los tejidos conductores de savia. La corteza de una rama infectada muere rápidamente y se desprende, revelando un material negruzco que contiene esporas que producen aun más infección. Un árbol en esta condición puede morirse en tres o cuatro años. El flujo de sustancia viscosa (flujo viscoso) es otra enfermedad que puede ser causada por la poda descuidada. En este caso, la bacteria se mete en los vasos conductores, obstruyéndolos y forzando hacia afuera la savia infectada. Estos problemas pueden evitarse si se pinta el corte con la pintura de podar.

La caña de las parras "sangra" profusamente si se corta, aun en tiempo frío; este fenómeno puede compararse a una llave de agua que gotea constantemente. No se preocupe; despúes de un par de días el goteo terminará. La caña de la parra recién podada parece haber sido maltratada; sin embargo, la poda fomenta el desarrollo de la planta y su parra volverá a crecer con vigor.

Riego y fertilización

Para que una planta crezca adecuadamente, se debe podar, regar y fertilizar. Al regar, asegúrese que el agua alcance hasta lo que se conoce como la línea de goteo de la copa del árbol. Al completar la mitad del riego, aplique sulfato de amonio en la tierra alrededor del árbol a razón de una libra por cada cien pies cuadrados y continúe regando hasta que el medidor de humedad penetre en la tierra aproximadamente tres pies.

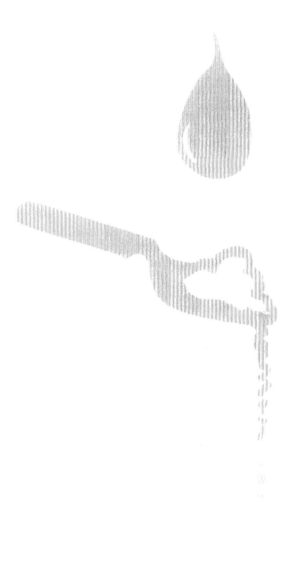

Cuando fertilice recuerde que el sulfato de amonio es el fertilizante preferido para las plantas que están creciendo durante la primavera o el verano. Sin embargo, durante el invierno la tierra está fría y el mejor fertilizante es el nitrato de amonio. Puede usar 1/2 libra de nitrato sobre una superficie de 100 pies cuadrados de tierra húmeda. Lave las hojas si cayó fertilizante en ellas para evitar que se dañen por la acción del fertilizante.

Más sobre el tema de fertilizantes

No se alarme si observa un color rojizo en las hojas de algunas plantas, ya sea un eucalipto, un repollo o hasta en las plantas silvestres. El frío causa este cambio de color porque hay escasez de fósforo en la tierra y las plantas sufren de la deficiencia de este elemento. Este fenómeno desaparece cuando aumenta la temperatura. Esto le indica que debe aplicarse el fosfato de amonio a la tierra antes de plantar o de sembrar. El fósforo no se absorbe con facilidad. Por lo tanto, no debe esparcirse sobre la tierra para que se disuelva con agua. Para que las plantas se beneficien es necesario mezclarlo con la tierra. Recuerde que es una pérdida de tiempo intentar fertilizar aquellas plantas que están en período de descanso o inactividad durante el tiempo de frío. Sin embargo, el zacate, la lechuga y otras plantas que crecen en la estación fría pueden sacar provecho de la aplicación de nitrato de amonio que se disuelve en la tierra a pesar del frío.

Toronjas de piel gruesa

¿Tienen la piel muy gruesa sus toronjas? Si responde que sí, es posible que haya empleado demasiado fertilizante el año anterior. Esto no debe afectar la calidad de la fruta que se mantiene jugosa y sabrosa, aun al comienzo del período de cosecha. Sin embargo, la fruta suele ser más dulce si se deja en el árbol hasta el mes de abril o de mayo.

El período de descanso de los árboles

No se apresure a regar los árboles que están sujetos a perder las hojas en el otoño (caducifolios) durante este período. Deje que descansen. Estos árboles deben podarse antes que aparezcan las hojas nuevas. Una vez que éstas hayan brotado, será necesario empezar un programa de riego. Observe la condición de los árboles para determinar cuando debe actuar; esté pendiente del calendario.

La tierra fría no es favorable para las plantas

La tierra fría y húmeda hace daño a las plantas. Durante el invierno, no programe su sistema de riego automático de la forma en que lo programa durante el verano. Si la tierra se mantiene mojada, las plantas sufren. Los pensamientos, las petunias y los geranios pueden ser atacados por el hongo *Rhizoctonia* y el zacate por el hongo *Pythium*. Además, el zacate mojado no es fácil de cortar.

La selección de los árboles

Enero es el mes en que algunos árboles se compran con las raíces desnudas, sin tierra. Debido a la brevedad de este período, conviene tener ya preparado el hoyo donde va a plantarse el árbol.

La mayoría de los árboles frutales se polinizan ellos mismos, por lo que no necesita plantar más de uno para obtener frutas. Si tiene espacio para varios árboles, seleccione las variedades que prefiere. No es recomendable el ordenar los árboles frutales por catálogo, no sólo porque usted no ve lo que está comprando, sino que a menudo vienen de áreas con climas y suelos diferentes a los nuestros y generalmente no se desarrollan tan bien como los que vienen de nuestras áreas locales. Al seleccionar los árboles frutales recuerde que ellos necesitan un período largo de temperatura fresca o fría y que nuestro verano es seco, caliente y con mucho sol. Las variedades enanas de árboles frutales son muy atractivas y convenientes para lugares con áreas reducidas.

¿Qué árbol seleccionar—plantas o árboles con raíces sin tierra (raíz desnuda) o plantas desarrolladas en una maceta? Las raíces desnudas se pueden inspeccionar para determinar que no estén rotas y entrecruzadas, que no tengan la gangrena que padecen los árboles y que no tengan agallas. Las raíces deben tener aproximadamente 18 pulgadas de largo. No compre árboles si las raíces han sido cortadas. Las plantas con raíces desnudas son más baratas, pero se echan a perder o se deterioran mas fácilmente ya que requieren de cuidados especiales. No compre las que ya tienen nuevas hojas y yemas florales. Cuando compre una planta de raíces desnudas, llévela para la casa enseguida, saque la planta de su bolsa y colóquela en un recipiente con agua. Déjela que se moje bien toda la noche antes de plantarla. Nunca permita que las raíces se sequen.

Hay que tener mucho cuidado cuando se compran árboles en macetas. Si se han puesto en las macetas recientemente, no hay mucha ventaja, la tierra se desprende de las raíces cuando tratamos de plantarlos. Muchas raíces han tenido que ser cortadas para poner la planta en una maceta de cinco galones. Dígale al vendedor que corte la maceta. Si la planta ha crecido en la maceta por algún tiempo, usted verá raíces fibrosas que se empujan contra las paredes de la maceta y mantienen una bola de tierra firme sin que se desparrame. Si la maceta ha estado expuesta al sol y las raíces se han quemado, éstas lucen oscuras y flácidas en lugar de firmes y de color café claro.

A veces se ven raíces que han salido por los hoyos de la maceta y se han metido en la tierra donde estaba colocada la maceta y al levantarla se rompe gran cantidad de raíces. Esto daña la planta, pues le quita una porción de raíces y esto evitará un buen crecimiento de la planta en el futuro. No compre esta planta. No compre un árbol con un tronco muy grueso, pues es un signo de ser un árbol viejo. Las raíces deben lucir frescas, café claro o blancuzcas. Cuando compre una planta en maceta no hay apuro en plantarla; la puede mantener en un lugar sombreado; no olvide regarla. Recuerde que el tiempo de sembrar las plantas de raíces desnudas continúa hasta marzo. Debe preparar el hoyo y la tierra ahora en enero y no espere a que la tierra se caliente mucho y dañe las raíces.

La plantación de los árboles

Plante los árboles frutales aproximadamente a 10 o 20 pies de las paredes, de la calle o de otro árbol. Observe si hay cables eléctricos que serían un obstáculo cuando el árbol crezca. Cuando plante haga el hoyo con las dimensiones de 5' x 5' x 5'. Si encuentra caliche (carbonato de calcio), remuévalo, trate el hoyo con estiércol, fosfato de amonio y azufre y deje la mezcla en el hoyo por un tiempo antes de plantar el árbol para estar seguro que hay filtración de agua. El cálculo que debe hacer es el siguiente: por cada 100 pies cuadrados de terreno donde ha hecho el hoyo y va a plantar, cubra la tierra con 2–3 pulgadas de estiércol, fosfato de amonio (3 libras) y azufre (5 libras).

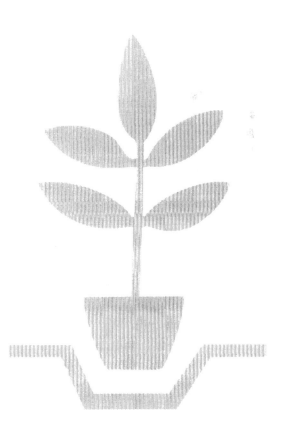

Ahora es temprano para plantar los árboles cítricos, pero puede preparar el hoyo y llenarlo con tierra para dejarlo preparado hasta el mes de marzo. Deben sacarse las piedras y romper el caliche hasta perforarlo; es posible que sea necesario llenar el hoyo con agua y dejarla toda la noche para seguir trabajando al día siguiente. Siga desprendiendo el caliche haciendo un hoyo en el centro para que el agua drene. La tierra que ha sacado del hoyo debe ponerla otra vez dentro del mismo, pero tiene que mezclarla con tres materiales importantes: azufre, fosfato de amonio y estiércol. Si el hoyo es de 5' x 5' x 5' va a necesitar 15 sacos de estiércol, 30 libras de azufre y ocho libras de fosfato de amonio. Esto es la regla general para plantar un árbol en el desierto y evitar la contaminación con el hongo de la pudrición texana (*Texas root rot*).

Si usted desea hacer hoyos más pequeños para árboles o plantas más pequeñas, hay una fórmula que le dará las cantidades de los materiales que necesita mezclar con la tierra donde va a plantar: (1) Determine el volumen en pies cúbicos. (2) Divida los pies cúbicos por cinco para saber cuánto estiércol necesita. (3) Divida los pies cúbicos por cuatro para saber cuántas libras de azufre necesita. (4) Divida los pies cúbicos por 16 para saber cuántas libras de fosfato de amonio necesita. (5) Mezcle bien estos materiales con la misma tierra del hoyo sin hacer capas, y vuelva a rellenarlo. (6) Moje bien la mezcla del suelo; es posible que tenga que esperar dos semanas para que la tierra se asiente en el hoyo para entonces plantar su árbol. Al plantar el árbol, abra un hoyo lo suficientemente grande para dirigir las raíces en todas direcciones y plante un poco alto, pues el árbol se asentará cuando la tierra adopte su nivel final. Asegúrese que la unión del botón esté por encima del nivel de la tierra; esta operación debe hacerse con la tierra húmeda.

La poda de los árboles (excepto los cítricos)

Los árboles de sombra no deben podarse excesivamente. Se recomienda eliminar solamente aquellas ramas interiores que obstruyen las corrientes de aire a través del árbol, permitiendo que éste se desarrolle en su forma natural. El tamaño de un árbol o arbusto ornamental puede reducirse si se corta la rama más alta en su punto de origen. El corte debe ser limpio y debe cubrirse con pintura de podar.

La unión del botón con el tronco es donde el árbol tiene su crecimiento en el vivero. Los árboles se valoran por su vigor y por la resistencia a enfermedades, no por la calidad de sus frutas. Los chupones que crecen por debajo de la unión del botón con el tronco del árbol deben eliminarse, pues le quitan vigor a los árboles. La parte superior del árbol debe podarse para dejar dos o tres ramas principales. Cuando pode hágalo alrededor del árbol y nunca de un sólo lado y olvide por el momento que va a dar frutos, pues tiene que darle al árbol de tres a cuatro años para que se fortalezca y produzca frutos. Después de podar, mantenga la tierra en la base del árbol bien húmeda con riegos semanales. Puede amontonar la tierra en forma de bordo circular alrededor de la base para retener el agua.

Visitantes del invierno

Inspeccione el bróculi, la coliflor y el repollo. Estas plantas pueden ser atacadas por pulgones que penetran el tejido de las hojas. Las manchas pálidas en las hojas son una indicación de la presencia de

Esto es lo que pasa cuando se poda un árbol de sombra como si fuera un árbol frutal. La poda estimula el nuevo crecimiento que llega a ser excesivo y desordenado.

pulgones; si los deja, al día siguiente verá que hay muchísimos más y en una semana la planta luce triste y casi no tiene vida. Los pulgones chupan el jugo que nutre la planta. Para controlarlos, usted puede usar una solución jabonosa (jabón líquido de lavar platos que no tenga limón) o puede usar *diazinon* o Malathion®. Si usa los productos químicos, espere por lo menos una semana para comer estas hortalizas. Lea las instrucciones de cómo usar los productos químicos de una manera eficiente y segura.

Los pulgones grises son un problema durante el invierno para los vegetales de la familia de la col. Si las plantas están listas para ser cosechadas, no las rocíe con productos químicos, en su lugar, use una solución de agua y jabón insecticida o jabón de baño.

Enero
en su jardín

Las malezas de invierno

Las malezas de invierno deben eliminarse. La mostaza silvestre y la cebadilla están ya creciendo, la primera dando flores y la segunda está verde, pero no se debe esperar, pues cuando la cebadilla se seca, las semillas se esparcen y le caen a usted en la ropa y a su perro en los ojos y oídos. Es fácil eliminar estas malezas cuando la tierra está húmeda por la lluvia del invierno. Si trata de arrancar estas malezas con la mano y la tierra está seca, lo más probable es que deje las raíces intactas y vuelvan a salir. También puede usar herbicidas para controlar las malezas.

La poda de la parra

Ésta es una buena temporada para podar la parra o vid. La parra es una planta vigorosa que debe podarse, pues si esto no se hace, la planta no produce buen fruto. Con una poda vigorosa usted puede eliminar aproximadamente un 80 por ciento del crecimiento del año anterior dejando solamente unas 40 yemas en cada planta. La poda se puede hacer usando el sistema de espuela, de troncos o ramas (de caña). El sistema de espuela es el más común. Las variedades Thompson sin semillas y la variedad Black Monukka, deben podarse usando el sistema de troncos o ramas en vez del sistema de espuela. A ambos lados de la planta deberán dejarse dos cañas, cada una con unas diez yemas. Primero brotarán las hojas de las yemas bajas y después las frutas aparecerán en la parte alta de los tallos. Hay que podar las parras antes que lleguen las lluvias del invierno y si éstas son seguidas de días templados esto hará que comience a moverse la savia en los tallos y que los retoños se hinchen prematuramente. Pode las parras antes de que se presente este problema. Recoja todo el material que ha cortado para evitar que la planta se infecte de un hongo que sobrevive el invierno y que produce parches de color café en las ramas más jóvenes de las parras.

Febrero

El mes de febrero es muy parecido a enero. Los días se alargan un poco, y durante las horas más calientes las temperaturas llegan a los 70° F. Éstas son falsas alarmas si está esperando que termine el invierno. Las temperaturas en la noche regularmente bajan a 40° F, y todavía hay probabilidades de que pueda haber escarcha o hielo.

Si no llueve, habrá que regar. Esto es importante, ya que la temperatura subirá y las plantas necesitan el agua para comenzar a crecer de nuevo. Use su medidor de humedad para saber cuando hay que regar. No se olvide de las flores silvestres anuales, se morirán si la temperatura es alta y la tierra está seca. Ahora es el tiempo de regar para estimular el crecimiento de las raíces profundas si se desea un buen despliegue de colores en marzo y abril.

Los pulgones amarillos aparecerán en los laureles y deben ser eliminados antes que crezcan en gran cantidad. Si el número de pulgones aumenta mucho, debe aplicar Malathion® o *diazinon*. Busque los pulgones verdes (algunas personas los llaman "voladores verdes"). En los rosales los encontrará en la parte terminal de las ramas nuevas, chupando el jugo de las hojas tiernas de la planta y en los capullos. Elimínelos antes que su población aumente.

Otros insectos dañinos que observamos en febrero son el gorgojo o larva blanca, la larva del escarabajo de mayo y la chinche de junio. Estos insectos salen a la superficie cuando la tierra se calienta y comienzan a comer los materiales orgánicos, usualmente el moho de las hojas y del abono, y también las raíces tiernas de las plantas. Los gorgojos son dañinos. Cuando surjan a la superficie del suelo, al sembrar las nuevas plantas recoja estos insectos y destrúyalos. También puede aplicar Malathion®, *diazinon* o Sevin®. Si se añade ahora más materia orgánica atraerá una nueva generación de gorgojos porque su olor atraerá a los adultos voladores. También hay que eliminar las malezas.

Febrero es el mes adecuado para plantar juníperos y otros árboles y arbustos. Es un buen mes para podar y fertilizar con un riego profundo. Podar, fertilizar y regar son las tres operaciones que se complementan para contribuir al desarrollo favorable de la planta. No pode demasiado los árboles de sombra (cualquier trabajo que se realice debe ser tan hábil y sutil que parezca que el árbol no se ha tocado). Los arbustos, los rosales y las parras deben ser podados ahora.

Éste es un mes crítico para las plantas que están en estado inactivo, especialmente para los árboles y los arbustos ya que la temperatura caliente estimula el desarrollo de los capullos, las hojas o las flores. Ahora es el momento para fertilizar y regar. Todavía hay una fuerte probabilidad de una helada tardía que podría matar las plantas en crecimiento. Si esto ocurre cubra por la noche las plantas que están floreciendo.

En el invierno usted descubrirá los daños que estaban escondidos dentro del follaje de los árboles durante el verano, tales como las infecciones del muérdago parasítico. El muérdago es una planta parásita verde, y como tal usa la energía solar para crecer, pero también reduce la fuerza de la planta huésped al tomar los nutrientes de sus ramas. El muérdago no robará gran cantidad de nutrientes, pero una fuerte infección oscurecerá el follaje de un árbol. Es mejor remover el parásito. Si corta las ramas a las cuales está pegado, a menudo se altera la apariencia natural del árbol. No use productos químicos ya que puede matar también el árbol. El parásito y su víctima están íntimamente entrelazados y comparten una fuente común de humedad y de nutrientes. No elimine indiscriminadamente los insectos que vuelan alrededor de las plantas. Algunos de estos insectos que salen ahora del nido son beneficiosos. Los crisopos, por ejemplo, son los primeros insectos de la primavera que salen y destruyen vorazmente los pulgones y las arañas rojas. Estos insectos son de un verde claro y tienen alas transparentes como de encaje.

Inspeccione los amarres del año pasado y desátelos. Los nuevos capullos de este año brotarán y las ramas pequeñas del año anterior seguirán creciendo y se pondrán más gruesas. La cuerda o lazo de los amarres no se estira cuando las ramas pequeñas se ensanchan; en vez de esto, cortará el tejido vegetal blando y estrangulará la pequeña rama. El daño será mayor si se atan con alambre pues el alambre cortará la pulpa de la planta. Una cuerda suave de algodón puede también estrangular la pequeña rama. La tecnología moderna nos ha proporcionado un material para amarres hecho de plástico flexible que se estira con el crecimiento de las ramas.

Durante los meses de invierno aparece el muérdago, el cual es una planta parásita que debilita el árbol, robándole los elementos nutritivos en la primavera y sombreando las hojas en el verano. Córtelo y no deje los pedazos en la tierra, pues los pájaros diseminarán sus frutos e infectarán otras plantas.

Aunque puede ser peligroso, a fines de febrero será necesario combatir unos insectos diminutos llamados *"thrips"* que atacan a los árboles cítricos. Estos insectos consumen las hojas nuevas, empezando por la yema de la planta o el capullo de la flor. Usted no ve el daño que están haciendo hasta junio o julio, ya entonces las hojas están torcidas y desfiguradas y afean la apariencia del árbol. Para controlar este problema, puede fumigarlas con diazinon cuando los capullos están abriéndose. El peligro de fumigarlos es que al mismo tiempo también se están fumigando otros insectos como las abejas que polinizan las flores y garantizan una cosecha de frutos; si los rocía los matará a todos. Las flores de los cítricos son fuentes de nutrición para las abejas. Si el invierno fue muy duro, ellas necesitarán este néctar y el polen. ¡No las mate con la fumigación!

En resumen:
- ❖ Use el medidor de humedad del suelo.
- ❖ Vigile la aparición de los pulgones y otros insectos.
- ❖ Fertilice los cítricos.
- ❖ Si no ha llovido, riegue sus plantas.

La fertilización de los cítricos

Cada estación del año es diferente entre sí y de un año para otro. Cuando se piensa que todo va a ser igual la naturaleza cambia y todo se vuelve anormal. Los que cultivan árboles cítricos no se alegran de tener un invierno no muy frío pues los cítricos se favorecen con la temperatura fría sin llegar a la helada. Un invierno no muy frío hace que los árboles frutales no entren en estado inactivo. Un febrero templado hace que estas plantas florezcan y produzcan ramitas nuevas antes que la planta entre en el período del descanso. Si esto pasa no hay mucho que hacer excepto fertilizar y regar.

Los árboles cítricos necesitan ser observados. Es mejor hacer la aplicación de fertilizantes antes que salgan las nuevas ramitas. Use sulfato de amonio en la base de la planta y riéguela después con

suficiente agua. Este fertilizante toma tiempo en convertirse a la forma de nitrato. El nitrato es absorbido por las raíces y transportado al tronco, a las ramas y a los nuevos puntos de crecimiento. No fertilice el árbol si ya tiene flores, usted debe regarlo bien hasta una profundidad de tres pies para ayudar al nuevo crecimiento.

¿Cómo fertilizar? Riegue bien hasta la zona de goteo de la copa del árbol; llene la base con agua y cuando el agua ha penetrado a un pie y medio, detenga el riego y aplique el fertilizante a razón de una libra por cada 100 pies cuadrados de tierra. Después continúe regando hasta que el agua penetre a tres pies de profundidad. Esta segunda parte de la irrigación es la que lleva el fertilizante hasta las raíces. Siempre es un error el fertilizar cuando la tierra está seca ya que puede quemar las raíces con una fertilización concentrada.

Los cambios de la temperatura

Una semana de luz solar y de calor en febrero no indican que ha llegado la primavera. Esté preparado para más frío y posibles heladas antes de considerar que sus plantas están seguras. Las flores de los árboles frutales son muy delicadas y pueden ser dañadas hasta por una helada ligera. Si la helada ha sido pronosticada, proteja sus árboles con una sábana o frazada ligera y no use plástico para protegerlos. Esté preparado en esta parte del año para unos días de fuertes corrientes

Las lluvias de verano que mantienen la tierra húmeda y suave vienen acompañadas de vientos fuertes. Éste es un ejemplo de los problemas que se presentan cuando el hoyo para plantar no se prepara adecuadamente. Otro problema se presenta cuando el sistema de riego sólo riega el área cerca del tronco del árbol y limita el desarrollo de las raíces que sostienen al árbol.

de aire, las cuales pueden ocurrir inesperadamente. Estas corrientes de aire secan la tierra muy rápidamente, especialmente en las plantas recién plantadas. Después de una helada tiene que podar las ramas de los árboles dañados, pero no se apresure a hacerlo, pues otra helada puede llegar y repetir el daño. Cuando las heladas se terminen corte todas las ramas afectadas para estimular el nuevo crecimiento que producirá el nuevo follaje.

La poda

Un árbol cítrico es raramente podado; inclusive una poda ligera de la parte exterior del follaje evita que se produzcan flores y frutas en estas ramas, ya que estas se desarrollan al final de las ramas. Debe dejar que el árbol conserve su forma natural aunque algunas ramas se arrastren por el suelo. Hay una excepción; los árboles de limones, ya que estos crecen vigorosamente en esta parte del año. Usted puede ayudar, pinchando con las uñas las ramitas nuevas y tiernas para que en su lugar broten ramitas nuevas.

Los insectos

Los insectos salen cuando el clima es caliente; estos insectos son de dos tipos: beneficiosos y perjudiciales, y usted los verá en los árboles cítricos. Entre los beneficiosos se encuentran las abejas que están muy ocupadas con las flores del árbol. Los perjudiciales son muy pequeños y casi no se ven. Un ejemplo de estos son los *thrips*, los cuales atacan las hojas jóvenes y tiernas buscando el jugo de las mismas. Usted no ve el daño causado por estos insectos hasta dos o tres meses después. Las hojas nuevas, ahora mucho más grandes, aparecen torcidas y deformadas.

El Día del Árbol

Este día es para recordar de plantar un árbol y disfrutar de su cultivo. En las zonas bajas y templadas del desierto este día se celebra el primer viernes de febrero; en las zonas altas donde sólo hay dos estaciones (verano e invierno), se celebra el primer viernes de abril. El Día del Árbol es una indicación de que éste es el mejor momento para hacer jardinería en el desierto. Es importante seguir las reglas de temperatura en nuestra región. Es recomendable plantar un árbol que nos dé sombra en el verano y que deje pasar la luz solar en el invierno y que también produzca frutos.

Los posibles desastres

Cuando de pronto se presentan días de calor en febrero en lugar de cambios graduales de temperatura, usted debe estar preparado para evitar un desastre en su jardín. La col, que ha estado creciendo y desarrollándose bien, se fractura en la parte más alta mostrando un color pálido con hojas bien apretadas en el centro; en este momento usted debe cosecharla para evitar que se estropee más. Salve la producción antes de que las flores se desarrollen. La lechuga se afecta pero lo demuestra de manera diferente. Las hojas lucen bien y se mantienen erectas, pero el sabor es agrio. Las zanahorias, remolachas y nabos también se afectan. Raramente se pueden salvar ya que las raíces se endurecen y no se pueden comer.

La germinación rápida

Febrero es el tiempo en que los plásticos claros son de gran ayuda a los que cultivan hortalizas y no quieren perder la cosecha. El calor causa que la col, la lechuga, la zanahoria, la remolacha y otras hortalizas produzcan flores en vez de seguir creciendo y desarrollando hojas y raíces.

También el plástico claro ayuda en la germinación de semillas durante esta época templada de la primavera. Primero haga unos surcos no muy profundos de norte a sur de dos pulgadas de profundidad y seis pulgadas de ancho; coloque las semillas en el fondo del surco, ponga un plástico claro en la tierra sobre el surco y sujete el plástico con piedras o ladrillos para evitar que el aire lo vuele. La humedad, por la evaporación, se condensa en el plástico y se precipita en forma de agua sobre la tierra. La germinación es rápida y el semillero se mantiene húmedo sin necesidad de riego.

Si usted espera que salgan las malezas de verano en su jardín de hortalizas, deje que las semillas germinen hasta que puedan arrancarse antes de sembrar los tomates, los chiles, el maíz, los melones y la calabaza. Haga lo mismo que hizo en su semillero cubriendo la tierra con un plástico claro y en más o menos tres semanas podrá eliminar las malezas más fácilmente. Remueva la tierra y mézclela con abono o estiércol, fosfato de amonio y azufre. Si usted tiene malezas use el azadón y sáquelas todas. Si no tiene mucho espacio, use la técnica de cultivar sus plantas verticalmente, haciendo un hoyo al lado de la cerca. Los ejotes tienden a crecer verticalmente y los pepinos pueden crecer hasta seis pies de altura. En el verano hay melones, calabazas y tomates que crecen verticalmente también.

Preparación de la tierra

Para preparar la tierra, abra un hoyo bien profundo y remueva toda clase de gusanos y de insectos que encuentre. Ahora es la oportunidad de eliminar las malezas que crecen bien profundas en la tierra; ya que están en estado de descanso pero se vuelven activas en el verano. Cuando remueva la tierra añada materia orgánica usando de dos a tres pulgadas de abono con tres libras de fosfato de amonio y cinco libras de azufre por cada 100 pies cuadrados de terreno. Con un rastrillo nivele la tierra y prepare un área tan larga como desee pero no más de cuatro pies de ancho y haga un camino de dos pies entre los lotes que ha preparado para sembrar. De esta forma se puede llegar hasta la mitad del lote sin dañar la siembra cuando quiera limpiar o cosechar. Cuando prepare el lote haga un bordo de tres pulgadas de alto para evitar que el agua se escape de la zona de la siembra; no haga bordos altos, pues éstos se secan y se depositan en ellos las sales del agua. En el desierto estos bordos altos se secan rápidamente. La tierra así preparada con el abono, el fosfato de amonio y el azufre debe dejarse por lo menos una semana antes de plantar o sembrar. Recuerde que el lote debe estar bien nivelado. Si tiene lugares donde se han formado lomitas de tierra usted encontrará que esas lomitas no retienen agua y se secan, por lo tanto las plantas no crecerán igual y usted desperdiciará agua.

El abono

En la preparación del terreno para sembrar seguramente se ha usado todo el abono que tenía; ahora es el momento de hacer una nueva pila de abono. Remueva las hojas secas y viejas del otoño de la pila y si usted ve que sale humo de ella es que hay actividad bacteriana; si no hay humo, esto significa que no hay descomposición. La lluvia del invierno es suficiente para favorecer la actividad bacteriana, pero si la pila está seca, rocíela con agua y remuévala para airearla. En esta época los desperdicios de la cocina y las cáscaras de las frutas cítricas que son muy buen material para hacer un abono excelente.

Las hortalizas de invierno

Cuando usted planta en febrero las hortalizas de invierno que van a crecer hasta abril o mayo, éstas van a competir con las hortalizas que se planten en marzo, como los tomates, el maíz, los chiles y la calabaza. Para resolver este problema, usted va a necesitar dos plantíos: uno para sembrar en febrero plantas de raíz y hojas, y el otro para las plantas de verano que necesitan permanecer en el terreno hasta el otoño. Siembre las hortalizas de invierno en macetas de plástico negro y póngalas en un lugar soleado para que el calor caliente las raíces y éstas crezcan. Usted puede observar como la lechuga, cuando se siembra en macetas crece más rápido que la que siembra en la tierra. Las macetas deben ser de cinco galones, pues las más pequeñas requieren riegos más frecuentes. El uso de nitrato de amonio y nitrato de calcio como fertilizantes solubles en agua ayudará al desarrollo de las raíces.

Los cítricos

Aunque los cítricos están siempre verdes, las hojas no permanecen en el árbol para siempre, por lo que es normal que el árbol tire algunas hojas. Cuando las hojas envejecen pierden el nitrógeno y se vuelven amarillas. El nitrógeno es absorbido por las raíces del árbol y se distribuye en las partes que están creciendo. Usted puede medir el comportamiento de su árbol comparando el número de hojas amarillentas con el número de nuevos retoños. Si el árbol se pone muy amarillo, aplíquele nitrógeno para que los nuevos retoños reciban buena nutrición. Use 1/2 libra de nitrato de amonio por cada 100 pies cuadrados, debajo de la zona de goteo de la copa del árbol.

Febrero
en su jardín

Febrero
en su jardín

Asegúrese que la tierra que rodea la base del árbol está bien mojada. Los árboles cítricos usualmente tienen ramas que cuelgan hasta la base de la planta y esto a veces mortifica a muchos jardineros, pero debe dejar estas ramas sin cortarlas, pues es en ellas donde la planta va a dar una buena cantidad de frutas. No se preocupe de las ramas de color café dentro de la planta; ellas no están muertas; no las corte, ellas producirán también hojas y frutas.

Marzo

El mes de marzo es notorio por sus fuertes vientos que mueven las hojas y las ramas de los árboles y arbustos y secan las hojas nuevas. Estas condiciones climáticas pueden secar las raíces de las plantas antes de que éstas puedan reemplazar la humedad perdida.

Limpie, pero no se exceda. Hay controversias sobre los desechos de las hojas muertas. Unos dicen que actúan como una cubierta que mantiene el suelo frío y húmedo en el verano. Sin embargo, otros piensan que en esa humedad se producen plagas y enfermedades. Por ejemplo, un pequeño escarabajo que está escondido sale de noche para comerse las hojas de las plantas. Reduzca el riego en este mes. Guarde las hojas si quiere cubrir sus plantíos pero no use las de eucalipto, palo verde mexicano y laurel porque se cree que ellas contienen venenos que dañan el crecimiento de las plantas.

Proteja el crecimiento de sus plantas, especialmente el de las parras, los rosales y arbustos, del moho polvoriento que predomina durante el mes de marzo, regando las hojas nuevas con una solución de azufre una vez a la semana. El azufre puede quemar los nuevos brotes cuando la temperatura es de 90° F o más, por lo cual es ahora cuando se debe aplicar.

Esté alerta de los pulgones. El mes pasado empezaron a aparecer estos insectos y continuarán hasta abril. Los pulgones verdes podrán observarse en los rosales y los pulgones amarillos en los laureles. Es posible eliminarlos con un fuerte chorro de agua o pueden rociarse con una solución de jabón líquido (*sin limón*) en una proporción de 1 a 10. Como último recurso, se pueden matar con *diazinon* o Malathion®. Quite las agallas de los laureles ahora; éstas son unas costras negras que se forman donde estaban las flores viejas. Las bacterias que producen las agallas se esconden en las hojas secas de la base de las plantas. Quite toda las agallas para que no vuelvan a crecer. Las bacterias también pueden contaminar sus tijeras de podar; se recomienda sumergirlas en una solución de agua y cloro antes y después de usarlas. Limpie la superficie del suelo para que no queden trocitos de agallas que cayeron en la base de las plantas.

Proteja los arbustos recién plantados de los vientos de marzo con una cerca de cuatro pies de alto. Si quiere más protección, cubra la cerca con plástico por el lado donde sopla el viento.

Si la temperatura aumenta, los setos se desarrollan nuevamente, por lo que deben podarse para que crezcan en buena forma. Empiece a podarlos ligeramente tan pronto como la temperatura aumente, y si es necesario tendrá que entresacar algunos para que la luz penetre en las ramitas que están cubiertas por el follaje exterior.

Ahora es el momento para reparar las plantas dañadas por el frío. Muchas de ellas empiezan a florecer en este mes. Corte los troncos muertos de sus plantas por encima de dos o más capullos saludables que ya hayan brotado. Use el daño que causó el frío como guía para decidir cuáles son las plantas más apropiadas para su sitio.

Los vientos fríos retardan el crecimiento y desarrollo de las plantas por lo que tiene que protegerlas atrapando el calor con un plástico que actúa como un abrigo temporal.

Las plantas que se perdieron por el frío o hielo del invierno, reemplácelas con otras más apropiadas para el área donde usted vive.

Es posible que se presenten heladas este mes, así que esté preparado para proteger las nuevas plantas en el huerto, los rosales y las flores de los árboles cítricos. Todas pueden dañarse en una sola noche de escarcha. También en los primeros días de calor del mes de marzo, las hormigas salen de su descanso debajo de la tierra, las ardillas y los topos se vuelven activos de nuevo y las abejas recogen el néctar de las flores; esto no quiere decir que ha llegado el buen tiempo.

Cuando en una planta aparecen muchas hojas quemadas, esto puede deberse al exceso o falta de agua y fertilizantes o a que la proporción de la mezcla de tierra, arena y musgo en donde se sembró es incorrecta. Marzo es un mes seco y de aires fuertes y debido a que la temperatura es caliente las plantas empiezan a crecer con fuerza. Si las hojas se ven opacas y secas esto puede indicar que la planta necesita agua. Las plantas que se acaban de plantar son las que más están en peligro. En este mes es muy útil usar el medidor de humedad. El que su planta prospere o no, depende del lugar en donde la plante, y recuerde que todas necesitan agua y luz. Acuérdese que el exceso de agua pudre las raíces de las plantas.

Los árboles frutales que empiezan a florecer ahora necesitan agua pero no se deben fertilizar. Si se fertilizan cuando están floreciendo el impacto es tan violento que las frutas se caen prematuramente de sus ramas.

Marzo es un buen mes para erradicar las malezas antes de la germinación de sus semillas. Hay productos químicos efectivos para combatir las malezas; sea cuidadoso al usarlos ya que algunos de estos productos pueden no solamente dañar sus plantas sino también sus animales domésticos. No se deben usar indiscriminadamente. Las malezas se pueden eliminar manualmente cuando brotan de la tierra y así no se corre el riesgo de las posibles consecuencias negativas de los productos químicos.

El zacate, el olivo y la mora

Las lluvias que se pueden presentar en marzo, más la temperatura caliente, hacen que el zacate crezca vigorosamente. Será necesario cortar el zacate con más frecuencia y hasta sólo dos pulgadas de alto. Para estimular el crecimiento del zacate Bermuda antes del verano, pase su máquina cortadora lo más cerca posible a la superficie del suelo. No deje en el zacate los residuos de las hojas que cortó.

Para reducir la producción de polen en los olivos y moras, rocíe el follaje con una solución de Olive-Stop® para que el polen caiga en la tierra. El Olive-Stop® es un producto químico que se diluye en agua para rociar los árboles y matar las flores para prevenir que se forme la fruta, reducir la producción de polen y prevenir alergias en las personas. Para la correcta aplicación de este producto, siga las instrucciones en la botella.

Para obtener aceitunas grandes en sus olivos, deje que las primeras flores se conviertan en fruta; entonces rocíe las segundas y las terceras generaciones de flores con el Olive-Stop®, permitiendo así que las primeras frutas crezcan más grandes. Algunas variedades de olivo nunca producirán frutas grandes ya que genéticamente sólo producen frutas pequeñas. Al final del mes de marzo hay una gran producción de aceitunas. Separe las ramas si están enroscadas unas con otras. Esto reducirá el moho de sus olivos.

Finalmente, preste atención a sus plantas en las macetas ya que la tierra se seca rápidamente.

En resumen:

- ❖ Limpie el jardín de hojas, plantas muertas y otros desechos.
- ❖ Elimine las malezas.
- ❖ Observe el zacate.

En el mes de marzo las plantas progresan notablemente, pero hay que tener presente que la posibilidad de una helada nos puede sorprender, por lo que no se apresure a sembrar las hortalizas de verano. Las flores de los árboles frutales puede que ya se hayan caído y las frutas nuevas empiecen a desarrollarse. Hay que estar al tanto de un posible aumento de la temperatura, de irrigar los árboles y de

La mayoría de los árboles de mora que se plantan en los jardines son árboles machos que producen polen pero no frutos. En años pasados la gente se molestaba con las manchas que dejaban las frutas caídas en el pavimento y dejaron de plantar los árboles femeninos. Para reducir la cantidad de polen se pueden rociar las flores con agua para que el polen caiga. Si usa el Olive-Stop® u otro producto similar, puede destruir las flores antes que produzcan el polen. Tenga mucho cuidado al usar estos productos.

evitar que las frutas se caigan por falta de agua. Riegue pero no les aplique fertilizante. Especialmente si se usa gran cantidad en una sola aplicación, puede producir una alteración en la fisiología del árbol y éste no producirá frutas.

Cómo aplicar fertilizante a través de las hojas

En la primavera los árboles producen hojas y retoños muy delicados y si necesitan ser fertilizados esto se puede hacer a través de las hojas, preparando una solución a razón de una cucharada de fertilizante soluble en un galón de agua. El albaricoque, los cítricos y el durazno pueden ser fertilizados de esta forma.

La deficiencia de zinc

Si sus árboles desarrollan hojas pequeñas, especialmente el durazno, el chabacano y los cítricos y si sus nueces son blandas y oscuras, es posible que les falte zinc. Rocíe el árbol con sulfato de zinc. Hay fórmulas químicas especiales que contienen zinc y una variedad de otros nutrientes. Las hojas nuevas siguen absorbiendo los fertilizantes foliares por un mes aproximadamente. El rociado debe hacerse de tres o cuatro veces durante la primavera; deje de rociar cuando vea que el aspecto de las hojas cambia al color verde oscuro y no aplique mucho fertilizante pues éste además contiene nitrógeno y puede dañar las plantas. Las fresas y otras plantas semejantes sí se pueden regar y fertilizar simultáneamente, aun cuando tienen frutas. Por lo tanto, parece haber excepciones a la regla, pero hay que considerar que las fresas no se caen con facilidad de la planta.

Cuando se riega y se fertiliza al mismo tiempo, es muy importante usar fertilizantes solubles en agua. Los fertilizantes que se usan para las plantas que están dentro de la casa usualmente son solubles y pueden ser aplicados al follaje. Esté seguro de leer las instrucciones antes de usarlos. Cuando use un equipo de rociar para fertilizar, recuerde lavarlo bien cuando termine y no deje residuos en el tanque para la próxima rociada. Es conveniente tener un equipo para rociar con fertilizantes y otro para el uso de otros productos químicos; márquelos bien para no confundirse. Es aceptable usar insecticidas y fungicidas en la misma solución, pero no los mezcle con los herbicidas que se usan para matar las malezas.

La inspección de los amarres

Revise todas las plantas y árboles que sembró en febrero, pues los amarres que usó para sostenerlos pueden estrangularlos; por lo tanto, los amarres deben inspeccionarse y ajustarse si es necesario. Si no hace esto verá que se forma una marca o cicatriz que perjudica la circulación de la savia en el interior de la planta. Es conveniente hacer la inspección de los amarres durante todo el verano.

Los cítricos

Si sus árboles cítricos están floreciendo, no los fertilice. Hay veces que los cítricos sorprenden con sus flores temprano en la primavera. Esté alerta y no fertilice cualquier árbol frutal cuando esté floreciendo, pues el exceso de nutrientes hace que el árbol pierda las flores y se puede perder la cosecha de frutas. Cuando hay crecimiento de hojas, ramas y flores, usted tiene que ayudar a su árbol con suficiente agua. La lluvia que ha caído en esta época no es suficiente, por lo que debe vigilar el estado de la tierra, las hojas y las flores.

Los insectos

La primavera es la época en que las plantas crecen. Pero hay algo más que crece y ataca las hojas nuevas y tiernas en las plantas ya que estos nuevos crecimientos representan el alimento de los insectos, particularmente los pulgones. Parece que siempre tenemos pulgones en nuestro jardín. En el invierno éstos son grises; ahora en la primavera son verdes y con alas.

Las hojas nuevas de la parra atraen la mosca blanca y los saltadores. Las hojas están llenas de savia y su superficie es suave; estas condiciones facilitan que los insectos las coman y las destruyan. Más tarde aparecen unos hilos plateados en las hojas pero los insectos se han ido cuando notamos este cambio. Si se forma una nube de pequeños insectos alrededor de una parra cuando usted sacude la planta, seguro que tiene saltadores o mosca blanca. El tratamiento consiste en rociar la planta con *diazinon* o Malathion®; esto debe hacerlo a primera hora de la mañana o tarde al oscurecer para evitar los fuertes rayos solares y los vientos.

La humedad y la temperatura moderada hacen favorable la aparición de caracoles y pulgones. La forma de evitar que se coman las frutas es disminuyendo el riego y recogiendo las frutas temprano. Debe sacar los caracoles y destruirlos. Deje que la superficie de la tierra se seque un poco para controlar este problema; recuerde que no se deben usar productos químicos cuando las plantas tienen frutas. Pero hay insectos beneficiosos que comienzan su ciclo cuando aparece la primavera. Los crisopos aparecen primero, seguidos por los saltadores que representan la mayor dieta de los crisopos. Con sus largas alas de encaje y el color verde esmeralda de sus cuerpos y sus ojos de amarillo brillante, los crisopos son toscos en sus vuelos pero grandes amigos de los jardineros. No los rocíe con ningún producto químico ya que ellos son de gran ayuda. Estos crisopos también se alimentan de las arañas rojas (ácaros). Las mariquitas o vaquitas también se comen estos ácaros. No se alarme si usted ve un insecto que se arrastra y se mueve lentamente; es pequeño (1/4 de pulgada de ancho) y termina en punta hacia el final de la cola, tiene seis patas como todos los insectos pero no tiene alas. El cuerpo es rojo y negro, parecido a un *Gila monster* en miniatura. No lo rocíe con ningún producto químico, ya que es la forma larvaria de las mariquitas. Como no tiene alas, a su paso lento se come todo lo que encuentra incluyendo

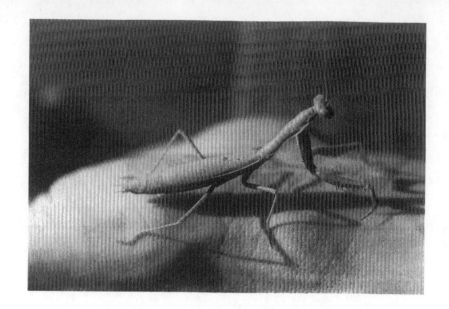

Uno de los insectos más benéficos para su jardín es la mantis religiosa. No los destruya.

pulgones, ácaros y saltadores. Las formas adultas de las mariquitas son notorias porque vuelan y se van; no comen mucho. No piense que usted puede controlar los insectos de su jardín usando un gran número de mariquitas. Usted puede comprar por catálogo la cantidad que quiera, pero ellas volarán al jardín más cercano. La rezadora es otro insecto beneficioso que aparece un poco tarde en la primavera. Los huevos se presentan en dos formas y se pegan a los retoños de los árboles y arbustos y pueden ser vistos cuando los árboles están sin hojas. Si usted corta las ramitas que sostienen los insectos y las pone en la tierra entre sus hortalizas, no tardará mucho para que empiecen a salir los insectos, pues se incuban rápidamente; en cuanto salen, empiezan a comer lo que encuentran, inclusive los unos a los otros. Los insectos jóvenes parecen arañitas y los adultos no son difíciles de identificar porque extienden las patas frontales como si estuvieran rezando. Si usted pone uno dentro de la casa puede observar cómo atrapan las moscas.

El exceso de frutas

En este mes se deben aclarar los árboles del exceso de frutas. Se pueden ver las frutas de las manzanas, los duraznos y los chabacanos detrás de las flores que ya están secas y descoloridas. Si hay muchas frutas, usted tendrá que eliminar algunas, lo que no es fácil pues las que elimina son parte de la cosecha. De todas formas, el árbol va a perder un número de sus frutas debido al viento fuerte, falta de agua o una helada. Si deja muchas frutas jóvenes en el árbol el resultado será una producción de frutas pequeñas, además el árbol va a sufrir por el agotamiento de sus nutrientes.

Las nuevas plantas que se desarrollan de los cortes

Cuando se podan las rosas, las parras, las piracantas y los laureles, se pueden propagar nuevas plantas usando los materiales producto de la poda. Es una lástima desperdiciar todas las ramas y el material de las podas. Para propagar estas plantas no se necesita ningún equipo especial, pero hay que cuidar los cortes por un período de un año o más, si es que quiere tener buenas plantas. Un invernadero o la proximidad a una ventana puede mantener una temperatura de 75° F todo el tiempo con un grado alto de humedad, lo cual ayudará a propagar los cortes nuevos. Trasplante los cortes de las macetas pequeñas a unas más grandes cuando vea que las raíces son muy numerosas. Las plantas propagadas por cortes tienen un sistema de raíces fibrosas comparadas con las plantas desarrolladas por semillas, por lo tanto, es más conveniente plantarlas en macetas grandes o barriles donde el espacio para las raíces no está restringido.

La mezcla de tierra

Para iniciar el cultivo de los cortes se prepara una mezcla de tierra. La mezcla incluye arena, perlita, musgo y vermiculita en partes iguales. No agregue ningún fertilizante o abono (*estiércol*), pues quemaría los tejidos delicados que producen los cortes. No aplique mucha agua a los cortes. Siempre existe la posibilidad de que las plantas sufran desequilibrio fisiológico cuando los cortes se trasplantan al suelo. Debe usarse una maceta con hoyos de drenaje en el fondo. Los vasos de estirolita son prácticos y baratos, pero tenga cuidado que no se volteen cuando los riegue, pues la base es muy estrecha. Los cortes de las puntas de las ramas son los que crecen más rápido. Usted puede identificar estas puntas cuando tienen hojas pequeñas y frescas. De este punto salen hojas nuevas y forman la nueva planta. Usted debe utilizar cortes con puntas con algún grado de dureza (la piracanta no tiene muchas ramas con puntas suaves). Las parras deben cortarse cuando la planta no tiene hojas.

Dónde hacer el corte

¿Cuál es el mejor lugar en la rama para hacer un buen corte? Para obtener una sección para un corte, corte la rama en su parte baja donde la corteza tiene un color oscuro y la rama es más gruesa. Estos cortes no desarrollan raíces ni crecen tan rápido como los que provienen de las puntas; sin embargo, estos cortes también producen plantas debido a que el nuevo crecimiento viene de los lados de los capullos en lugar de un sólo capullo. El capullo terminal fue removido cuando usted hizo el primer corte para plantar la punta. Las partes gruesas de las ramas contienen más madera y por lo tanto se dificulta más la producción de nuevas plantas. No importa el estado de la rama que usted seleccione; el tamaño del corte debe ser aproximadamente de cinco a seis pulgadas; remueva las hojas bajas y aplique en la base del corte polvo de hormona RooTone®. Antes que el corte se seque, quite el exceso de hormona y rápidamente coloque el corte en la mezcla de suelo que preparó. Se puede utilizar un lápiz para hacer un hoyo pequeño en la mezcla de tierra; de esta forma se puede plantar el corte sin afectar su base impregnada con RooTone®. Plante cada corte en una maceta a una profundidad de dos o tres pulgadas.

Marzo
en su jardín

_____

_____

_____

_____

_____

_____

_____

_____

_____

_____

_____

_____

_____

_____

_____

_____

_____

_____

_____

_____

_____

_____

_____

_____

_____

_____

_____

_____

Riéguelo y ponga el recipiente en un lugar soleado. La luz solar ayuda, pero el calor de la mezcla es lo que determina si va a tener un crecimiento rápido de las raíces.

Un cable para calentar la tierra es una buena opción. Instale el cable y cúbralo con una plancha de metal y ponga los recipientes o macetas sobre el metal. Una tierra templada hace crecer las raíces aunque la temperatura del ambiente esté fresca. Mantenga la tierra húmeda. Puede reducir la transpiración poniendo varios recipientes juntos. Envolviendo las macetas con un plástico ayuda a mantener la humedad, pero tenga cuidado que mucha humedad puede favorecer el crecimiento de bacterias y hongos. Después de unas semanas, voltee la maceta donde sembró el corte y dele un golpe firme en el fondo para que se desprenda la mezcla; esto evita que las raíces se enrollen. Después, trasplante el corte a una maceta más grande. Puede usar el fertilizante Miracle-Gro®, a razón de una cucharadita en un galón de agua para regar y fertilizar los cortes. Si las hojas se ponen verde oscuras, riegue con agua sin fertilizante.

Al final del mes de marzo la situación se vuelve un poco confusa, pues tenemos días con temperatura templada seguidos de días fríos y después otra vez temperaturas templadas. Esto no solamente confunde a los jardineros sino también a las plantas. La tierra que se va a usar para plantar debe estar preparada, pero no se debe confiar de la primera temperatura templada para empezar a sembrar, pues la tierra no se ha calentado lo suficiente. Se puede usar un termómetro para determinar la temperatura donde van a estar las raíces de las hortalizas de verano. La mejor temperatura de la tierra para sembrar tomates es aproximadamente 50º F, ya que los tomates son las primeras hortalizas que se plantan para la época del verano. Para plantar en esta época, no se precipite, ni espere mucho. Vigile la temperatura y considere que no hay mucho tiempo para que las plantas se desarrollen antes del final de junio cuando el calor llega y hace difícil la polinización del maíz, los tomates y los chiles.

Los tomates

Para asegurar una buena producción cuando se plantan tomates, deben utilizarse plantas de tomate de buen tamaño y al plantarlas quite las hojas de la parte baja de la planta. Plántelas en un hoyo no muy profundo de aproximadamente tres pulgadas y ponga las plantas acostadas en la tierra. Plantar en esta forma es hacer uso de la parte de la tierra que está más caliente. Si los tomates se plantan verticalmente, usted tendrá que hacer el hoyo más grande y colocar el tallito a mayor profundidad para que desarrollen nuevas raíces. Para ayudar y favorecer el crecimiento de las nuevas plantas se debe usar una solución de una cucharada de fosfato de amonio en un galón de agua y regar las plantas usando una pinta por planta. Para preparar la solución de fosfato, ponga el fertilizante en el agua y agítela bien para que se disuelva antes de usarla. Si hay un tiempo frío, cubra su planta con un galón de plástico al que se le corta el fondo, ya que éste funciona como invernadero y al mismo tiempo protege a la planta de la larva destructora. Este gusano se mete dentro de la tierra durante el día y por la noche sale y busca plantas que puede desmenuzar y comer. Si el tiempo calienta, quite el recipiente de plástico hasta que vuelva a hacer frío. Es conveniente usar galones de plástico claro.

Remueva el fondo de una jarra de vidrio o plástico para hacer un invernadero individual para cada planta. Este método producirá un crecimiento rápido cuando la temperatura ambiental es baja.

Cómo estimular el crecimiento de las plantas

Lo importante en esta parte del año es mantener las plantas creciendo. El frío detiene el crecimiento, especialmente de las plantas a las que les gusta el calor, tales como los chiles y la berenjena. Las semillas de maíz y calabaza también necesitan ayuda y protección si el tiempo se pone frío. Ponga un plástico claro en la tierra entre las filas de las plantas o alrededor de las plantas. Una tierra templada hace crecer las raíces de las plantas. Después de tres a cuatro semanas quite el plástico y guárdelo para la próxima ocasión en el otoño. Proteja las plantas del frío pues el frío de marzo afecta las flores de los árboles frutales. Algunas variedades de durazno y manzana así como los cítricos pueden estar floreciendo ahora. Debe estar alerta del estado del tiempo, pues si se repite otra helada puede quemar las flores y las frutas y los crecimientos nuevos de las ramas jóvenes de las plantas. En una noche de helada cubra su árbol con una sábana o frazada ligera; es mejor prevenir que lamentar. Quite la cubierta en la mañana y deje que la luz solar caliente la planta. Marzo puede ser un mes de mucho aire seco que afecta la tierra donde están las plantas, principalmente las plantas recién sembradas. En los viveros que venden plantas, hay que vigilar que los tomates no tengan pulgones, por lo que al comprarlas hay que inspeccionarlas bien.

Marzo
en su jardín

Abril

Los nopales despliegan sus flores de colores este mes; las flores silvestres esparcen su frescura, y las caléndulas perennes del desierto y las malvas iluminan el paisaje. Hay dos clases de capullos en los nopales; los capullos de flores y los capullos vegetativos que producen nuevos nopales. Deje que los capullos se conviertan en flores, pero corte los nuevos tallos; éstos se convierten en nopalitos, los cuales se comen de diferentes formas.

Aunque las plantas suculentas prosperan sin gran necesidad de agua, es bueno saber si han recibido bastante lluvia para que puedan crecer durante este mes, ya que puede necesitarse una buena irrigación.

Si no ha llovido, los árboles y arbustos del desierto necesitan su ayuda. Las plantas bien desarrolladas como el algarrobo, la acacia y el palo verde crecerán y florecerán por sí mismos, pero los árboles y arbustos menores de dos años deberán recibir ahora un riego profundo.

Cualquier planta recién plantada necesita un riego profundo una vez a la semana si usted desea que sus raíces crezcan profundas y tan rápidamente como sea posible.

Sostenga los árboles recién plantados con estacas de madera para evitar que el viento los tumbe, especialmente si el terreno se mantiene muy mojado. Para fijar sus plantas, entierre dos estacas largas en la tierra sólida y sosténgalas con una cuerda de algodón suave alrededor de ellas y lo suficientemente floja para permitir que las ramas crezcan sin dificultad.

Éste es un buen método de asegurar a los árboles frutales jóvenes durante sus primeros años. Varias vueltas de un cordón suave de algodón mantienen el tronco de la planta separada de la estaca y al mismo tiempo sostienen y protegen al árbol.

El zacate de verano

¿Cuál es la forma de iniciar el zacate del verano? Prepare la tierra para usar rollos de zacate fresco. Algunos viveros amontonan los rollos de zacate en pilas hasta de siete pies de altura; esto hace que el zacate se caliente mucho y se dañe. Cada rollo tiene una capa de tierra, la que debe tener raíces saludables y vigorosas. La capa de tierra no debe ser muy arenosa ni tampoco arcillosa, pues se pone muy lodosa y no permitirá que el agua se filtre fácilmente. El rollo debe colocarse en hileras, asegurándose que los bordes estén bien juntos. Las raíces tienen que estar en contacto directo con la tierra. Puede mojarlas a medida que las vaya plantando. Cuando termine pase un rodillo muy ligero en todas direcciones sobre los rollos de zacate. No use un rodillo muy pesado, ya que lo que usted necesita es que la tierra se moje y que las raíces tengan un buen contacto con la tierra.

Todas las plantas, al iniciar su ciclo de crecimiento, producen savia; ésta proporciona la energía para la producción y desarrollo de hojas nuevas. Los árboles de algarrobo producen una savia negra en la primavera. Algunas veces la presión dentro de la planta es tan grande

que la savia brota y forma una goma al secarse. Esta goma puede ser un signo de que algo anda mal en el árbol, pero si esto sucede en la primavera o dura un día o dos solamente, no se preocupe.

Algunas plantas sufren de deficiencias nutricionales que no pueden ser fácilmente corregidas con la aplicación de fertilizantes al suelo. Habrá que alimentar las hojas jóvenes cuando salen del capullo; las hojas delicadas y de textura fina absorben bien los fertilizantes líquidos. Use cualquier fertilizante soluble para plantas caseras, pero lea la etiqueta para tener la seguridad que es apropiado para rociar las hojas. Espere a que baje el calor del día para mojar las hojas nuevas. Haga esto una vez a la semana, mientras que las hojas continúen desarrollándose.

Si usted ve un líquido negro goteando de un saguaro dañado, haga algo enseguida. Si lo deja, lo perderá. La enfermedad bacteriana que causa el goteo rápidamente invadirá los tejidos blandos y matará la planta. Las bacterias han entrado en la herida del corte e inmediata acción es requerida: raspe bien el tejido infectado y esterilice la herida con una solución de cloro al 10 por ciento y aplique la pasta conocida como Bordeaux.

Es muy agradable recibir azaleas o lirios en la primavera, pero hay por lo menos dos razones para no colocar estas plantas en la tierra. Primero: Han estado creciendo bajo condiciones controladas con aplicación de productos químicos especiales. Segundo: no son plantas de jardín. Aun si lo fueran, no son plantas del desierto.

Tendrá más rosas si usted cosecha sus flores en una rama larga; trate de obtener una rama de aproximadamente 18 pulgadas.

En resumen:

❖ Riegue profundo las plantas y árboles recién plantados.
❖ Mantenga su zacate saludable.
❖ Lea las instrucciones para el uso de fertilizantes.

Los signos de la primavera

Como cada año es diferente, cuando llega abril, la pregunta es: ¿Llegó la primavera? En la zona media del oeste, los agricultores siembran los tomates para finales de mayo, pues es cuando empieza la primavera en esa zona, pero en la zona del desierto esto ocurre más temprano y nos preguntamos: ¿Cuáles son los signos a observar para decir que estamos en la primavera? En general, hay el cambio de la duración del día, ya que la salida del sol es más temprana y no empieza a anochecer hasta más tarde. Si usted observó los movimientos del sol en marzo, habrá visto que el sol sale elevándose hacia el norte. Usted ha pasado el equinoccio, un signo de la primavera. Algunas plantas empiezan a producir flores. La producción de flores es influenciada por el aumento de la temperatura, pero lo que tiene mayor influencia es el cambio en la duración del día. Los jazmines son los primeros en florecer y de indicar que la primavera llegó. Después viene la rosa Banksiae y después el árbol de mora, y sin tener que esperar mucho, un número de plantas que han estado durmiendo empiezan a florecer.

Las flores delicadas del algarrobo aparecen en cuanto la temperatura aumenta. Se dice que cuando estas flores aparecen es una indicación de que no helará más y que el verano está próximo.

La forma más segura de saber cómo está el tiempo es medir la temperatura de la tierra usando un termómetro especial que se entierra aproximadamente a tres pulgadas en distintas partes del jardín. Si la temperatura es alrededor de 60° F, es buen tiempo de sembrar las hortalizas de verano. Observe si las hormigas han salido. Las abejas empiezan a salir y a buscar el néctar en las flores. Hay otros signos que nos dicen que la primavera ha llegado, tales como el hecho de que el zacate Bermuda empieza a ponerse verde, el árbol de mora produce flores, el bróculi y la lechuga crecen; en fin, hay una gran actividad de vida en nuestras plantas.

El cuidado de las parras

Usted ha estado regando las parras, pues en la primavera, la planta empieza a dar nuevas ramas con hojas verdes. La aplicación del fertilizante de sulfato de amonio en enero le está dando el resultado que esperaba. Un signo de que las parras están recibiendo suficiente agua es cuando los tallitos crecen al final de las nuevas ramitas. Estos tallitos crecen y se extienden buscando en qué enrollarse. Cuando se extienden vigorosamente hay que separarlos, para lo que puede usar una cuerda suave para amarrarlos al alambre que sostiene la planta, haciendo amarres suaves y flojos. Puede cortar los extremos de los tallitos para que no crezcan mucho. Esto es importante, pues evita que un gran número de flores crezcan muy juntas. Es un error el dejar que estas ramas con flores crezcan hacia los lados porque cuando se desarrollan no tienen espacio para colgarse libremente. Es buena idea el cultivar las parras debajo de una ramada. Si la parra está dando ramas con flores muy vigorosas, simplemente remueva algunas. El primer año la producción debe ser más o menos de ocho ramas, a veces menos. Esto hace que la planta se desarrolle vigorosamente para producir en los siguientes años. Si su parra tuvo moho o pelusilla el año anterior, tiene que rociar los nuevos crecimientos de su mata con azufre cuando son de unas seis pulgadas de largo.

Hágalo cada semana hasta que la temperatura llegue a 90° F, porque el azufre es corrosivo a temperaturas altas. El rociado es mejor que el polvo, porque es preferible que el producto se quede en las hojas más tiempo.

Los árboles de limón

Los árboles de limón crecen mucho y con gran vigor y si se deja que las nuevas ramas crezcan mucho y los chupones se desarrollen, le quitarán energía y la planta no dará suficientes frutos. Revise su árbol, camine alrededor de él y corte las partes terminales de las ramas donde han aparecido nuevas ramitas, cortándolas con sus dedos índice y pulgar.

Las hortalizas de verano

Cuando la primavera parece que no llega, nos encontramos con el dilema de sembrar o no sembrar las hortalizas de verano (tomates, chiles, berenjenas). Lo mejor es no seguir esperando y sembrar aunque la tierra no esté suficientemente caliente todavía, pues tarde o temprano, el calor va a llegar y queremos que nuestras plantas crezcan fuertes y vigorosas. Quite las hojas amarillentas de la base de las plantas de tomates y si encuentra algunos bultos o hinchazones en los tallitos, no se preocupe; éstas son raíces adicionales que aparecen cuando menos uno lo espera. Haga un surco al lado de la planta y recuéstela en él. En uno o dos días la planta se enderezará por sí misma, las raíces penetrarán la tierra que está más caliente y entonces se desarrollará otra serie de hinchazones o bultos y se verán nuevas raíces que brotan de ellos.

Es natural, pues si usted siembra sus plantas de tomate verticalmente, enterrándolas hasta donde están las hojas, las raíces estarán en la tierra más fría y la planta tendrá poco crecimiento hasta que la tierra se caliente. Se puede preparar una solución de fosfato de amonio a razón de una cucharada por galón de agua, irrigando el hoyo con esta solución antes de sembrar la planta.

La selección de plantas

Observe el crecimiento de sus plantas y elimine las que no se han desarrollado bien, y si las compra en un vivero, examínelas. Si tienen hinchazones o bultos, no es problema, ya dijimos qué hacer. Si las raíces están amontonadas, blandas y negruzcas, enroscándose alrededor de la base de la planta, no las compre. Fíjese en el color, pues si las hojas están verde pálidas, es evidencia que están sufriendo por la falta de nitrógeno ya que los viveros no las fertilizan para evitar el crecimiento rápido antes de venderlas.

Finalmente, cuando usted adquiera sus plantas si la temperatura está fresca pero no fría, cubra las plantas con recipientes de cristal o de plástico, brindándoles un ambiente favorable. Entierre los bordes de los recipientes en la tierra para evitar que los gusanos penetren para comerse las hojas. Antes de que la temperatura sea de 90° F puede sorprender una granizada. Cubra sus hortalizas con un túnel de plástico; de esta forma protege sus plantas de las inclemencias del tiempo.

Los árboles cítricos

Es normal que los árboles cítricos pierdan las flores y las frutas. Generalmente estos árboles producen más flores que las que necesitan para dar frutas. Las nuevas frutas pueden también caerse después de un aire frío o después de uno a dos días de temperatura caliente. Además, si dejamos que el árbol se seque, o si se le aplica mucho fertilizante o mantenemos la base del árbol muy mojada, también estos factores hacen que las nuevas frutas se caigan. Estas frutas nuevas no están sujetas a las ramas muy fuertemente hasta que tienen el tamaño de una pelota de golf. La mayoría de las naranjas del año pasado ya se han cosechado y las toronjas aumentarán su valor en dulce si se quedan en el árbol por unas semanas más. No se preocupe si su árbol tiene flores y frutas viejas y nuevas y al mismo tiempo.

Los insectos

Los insectos polinizan las flores, por lo tanto no es conveniente rociar mucho los árboles con productos químicos para matar los insectos cuando el árbol está dando sus flores. Los *thrips* de los árboles cítricos tienen una reputación mala pero ellos realmente no hacen mucho daño dentro de la fruta.

Esta fotografía muestra el momento más adecuado para rociar el árbol—la mayoría de las flores están abiertas. No se recomienda rociar el árbol cuando las yemas florales están cerradas o después de que las flores han sido polinizadas.

La irrigación

Es muy importante regar adecuadamente en esta parte del año. Se deben regar los árboles y las plantas en flor, pero no debe aplicarles fertilizante. Algunos jardineros usan demasiada agua, pero otros se olvidan de regar, y si hay un día con aire fuerte se seca la tierra y los árboles sufren. Agrande el bordo de suelo alrededor de la base de los árboles y arbustos, pues las raíces siguen creciendo y necesitan que la tierra esté húmeda.

Los olivos

En abril igual que en marzo los olivos dan flores. Para algunos esto es bueno porque saben que van a tener aceitunas en el otoño; pero para otros el polen resulta ser un irritante de las vías respiratorias. Los comercios venden un producto (Olive-Stop®) que se usa para rociar los árboles antes de que florezcan. Es posible controlar la cantidad y el tamaño de la fruta regulando la concentración de este producto. Si se quiere eliminar toda la producción de aceitunas, usted tendrá que rociar el árbol varias veces porque las flores continuarán apareciendo cada tres o cuatro semanas. Este producto puede usarse también en el árbol de la mora.

Las fresas

Las fresas requieren agua mientras estén produciendo flores. Usted puede ayudar a que las fresas den flores y frutas con el uso de fertilizantes a razón de una cucharada de fertilizante en un galón de agua. Si sus plantas de fresas se han extendido, puede usar un recipiente con fertilizante que se conecta a su manguera. Al regar, fertilizará automáticamente sus plantas. Recuerde que de esta forma usted le está dando una solución nutritiva más fuerte. Riegue a una profundidad de aproximadamente 12 pulgadas, pues la tierra se seca con el aire. Este procedimiento hace la vida de los caracoles muy difícil, pues a ellos no les gusta una tierra muy mojada. Éstos no son insectos, sino parásitos y respiran a través de las agallas o bronquios, como lo hacen los cangrejos, las langostas y los camarones. Si las agallas no están húmedas o mojadas, ellos mueren.

Las fresas necesitan alguna sombra. Un lugar bueno es debajo de una parra, pues ésta evitará los rayos solares directos sobre las fresas. Fabrique una armadura o marco de madera o use el alambre tejido que usó en el invierno para hacer un túnel y cúbralo con una tela clara. Haciendo esto protegerá sus fresas de los pájaros. Si se cubren las plantas de fresas antes de que maduren, ellos no las encontrarán, pero si usted trata de protegerlas después que los pájaros se han comido algunas, ellos buscarán la manera de penetrar el túnel.

Mantillos para la tierra

Nosotros sabemos que cubriendo la base de los árboles y plantas durante los días calientes del verano, la tierra no se calienta tanto y ayuda a que se mantenga húmeda. Cubriéndola con paja le dará protección. También los cojines nuevos de los enfriadores de aire pueden usarse; no utilice los cojines viejos ya que están impregnados con las sales del agua.

La caída de las flores

Uno de los problemas de la primavera es que a pesar de que los días son calientes, las noches son frescas. A las hortalizas de verano estos cambios no les gusta pues retardan su crecimiento y si ya están floreciendo, el polen no funciona, ya que las flores se caen y las frutas no se forman. Hay una solución para este problema. Compre un frasco de hormona (*tomato-bloom set*) y rocíe las flores cuando están completamente abiertas. No importa que diga que es para los tomates; también se ha tenido buen resultado con los chiles y las berenjenas.

Los nogales

Los nogales han empezado su ciclo de crecimiento pues son árboles de clima templado que requieren algo de frío. Siga la regla general de los árboles en crecimiento; riéguelos bien y fertilícelos. En febrero deben recibir su aplicación de sulfato de amonio pero además necesitan zinc más que otros árboles. No aplique el zinc directamente

Los árboles nuevos o jóvenes pueden ser estimulados en su crecimiento haciendo varios hoyos profundos alrededor del árbol. Los hoyos se deben llenar con materia orgánica y fosfato de amonio. Riegue la base con bastante agua. Cuando las raíces encuentran los nutrientes, el árbol crecerá vigorosamente.

Los primeros pulgones del año aparecen en los laureles y se multiplican rápidamente. Las hembras producen pulgones vivos sin tener que poner huevos y los jóvenes sólo esperan unos días para empezar a producir más pulgones. Hay opiniones distintas de cómo tratar este problema; algunos dicen que se pueden dejar, otros que se deben eliminar, rociándolos con algún producto químico. Si decide eliminarlos debe actuar pronto antes que los retoños de la planta mueran.

en el suelo, pues en el desierto la tierra es alcalina y esto hace que el zinc no sea asimilado por la planta. Rocíe la planta con una solución de una cucharada de sulfato de zinc en un galón de agua y repita el rociado una vez a la semana mientras las hojas nuevas continúen apareciendo. Es posible que el árbol necesite de unos cuatro o cinco rociados. Esta operación debe hacerse durante la tarde cuando la temperatura ha disminuido.

Las hojas nuevas son tiernas y suaves y los pulgones las prefieren. Los nogales, como las rosas, atraen pulgones. Use Malathion 50® o *diazinon* en la misma solución del zinc y hará dos funciones de una vez, pero lea las instrucciones para mezclar estos dos productos.

Los árboles

Después de la poda de los árboles frutales en enero siempre hay una gran cantidad de nuevos crecimientos. Las hojas han crecido de los nuevos retoños, muchos capullos se han convertido en flores y la gran mayoría se han desarrollado en frutas pequeñas. Sin embargo, hay veces que en la primavera no pasan las cosas como los jardineros quieren. Si las abejas no han estado muy ocupadas con las flores, si el tiempo de pronto está caliente y húmedo, si las flores mueren, o si el árbol se seca mucho, todo esto puede resultar en un desastre.

Si esto no ocurre encontramos que hay una gran cantidad de frutas pequeñas en las ramas del árbol. Tendrá que remover una gran cantidad de frutas pequeñas. Esto se llama entresacar las frutas. Al mismo tiempo da la oportunidad de que las frutas que quedan en el árbol se desarrollen bien. Recuerde que el árbol generalmente produce más frutas jóvenes que las que el árbol finalmente puede desarrollar. Es normal que un árbol abundantemente cargado tire el exceso de las frutas cuando el árbol sufre por factores del clima, riego u otras causas; esto resulta en una cosecha reducida.

Si está iniciando el cultivo de sus plantas y hortalizas en una tierra que nunca se ha usado para plantar, puede que se disguste con el resultado en los dos primeros años. Aunque prepare bien el terreno, no espere que la tierra le dé buenos resultados. Generalmente toma varios años para que la tierra se vuelva productiva; mientras tanto ayude a sus plantas dándoles fertilización y riegos adecuados.

El maíz

El maíz dulce que sembró hace unas semanas debe estar desarrollándose bien si es que la tierra es rica en nutrientes. El maíz es una planta que requiere de muchos nutrientes y mucha agua; si no fuera que el maíz es muy sabroso, diríamos que cultivarlo es un lujo. Para obtener una buena cosecha de maíz tiene que darle un suplemento de fertilizante cada tres semanas después que las plantas alcanzan un pie de altura y hasta que empiecen a dar flores. Riéguelas bien hasta la cosecha. El maíz responde muy bien al sulfato de amonio; utilice una taza por cada 10 plantas y riéguelas bien; de esta forma las plantas crecen y se mantienen verdes.

Con el calor del desierto es mejor usar semillas de variedades de ciclo corto. Las flores deben aparecer antes que el calor intenso se presente. Una pobre polinización nos lleva a tener mazorcas sin granos y el calor intenso es usualmente la razón.

La calabaza

Hay que limpiar bien todos los residuos del invierno. La remolacha, la zanahoria, la espinaca y el nabo empiezan a dar flores; los frijoles desarrollan el moho y es tiempo de limpiar el jardín. La calabaza es una planta buena para que los niños aprendan la jardinería. La semilla es grande, germina en tierra templada en uno o dos días y en un mes, más o menos, ha crecido notablemente y se puede ver el desarrollo de la planta. Hay varias clases de calabazas. No tiene que buscar alguna variedad especial; todas se desarrollan bien. Se sorprenderá con las calabazas italianas amarillas (*golden zucchini*). El sabor y la consistencia son iguales, pero la ventaja estará en el color de la fruta; la de variedades verdes se esconde debajo de sus hojas, y si la deja, se va a desarrollar en una fruta gigante. Siembre la variedad amarilla o color de oro; ésta se puede identificar fácilmente debido a su color y el contraste con el verde de las hojas. La calabaza es más sabrosa cuando es pequeña. En uno o dos días después que la flor muere es cuando están tiernas; recójalas y verá que la planta va a continuar produciendo más. Si deja que crezcan mucho, la cáscara se engruesa y las semillas se desarrollan perdiendo su gran valor para cocinarlas. Las frutas pequeñas y tiernas se pueden comer crudas, pero las grandes hay que cocinarlas. Cuando siembre, coloque dos semillas y cultive dos plantas, lo que será suficiente para una familia. Si quiere calabazas durante todo el verano, siembre cada seis semanas y trate diferentes variedades. Las puede sembrar en una parte del terreno donde sembró las primeras. Una variedad deliciosa es la calabaza conocida como *butternut*. Muchos jardineros no la cultivan pues esta variedad es llamada "calabaza del invierno" y piensan que debe ser sembrada durante el clima frío. Esta variedad es del verano, pero se consume en el invierno. En la zona caliente y con el sol del desierto esta variedad es un buen sustituto de las papas. La variedad *butternut* debe ser sembrada después que la tierra se ha calentado; la planta se extiende mucho y necesita tanto terreno como los melones. Puede cultivarla junto a una cerca si no tiene el espacio. La fruta no es muy grande, pero tendrá que sujetarla de la cerca cuando madure.

Los insectos que atacan la calabaza

Las nuevas variedades de calabazas no son tan productivas y apropiadas para la tierra del desierto como las originales de la variedad "*vining*". Si encontramos que la planta está triste y moribunda y que a pesar de una buena cantidad de agua no se corrige la situación, hay que inspeccionar la planta. Si encuentra una zona húmeda en el tallo de la planta, seguro que es debido a una oruga blanda y blanca (de aproximadamente una pulgada de largo) que se come el tallo y los vasos conductores que nutren la planta. Si usted descubre el problema temprano o antes que la oruga haga el daño, tiene que tratar de hacer cirugía en su planta. Abra el tallo con su cuchillo, trate de sacar la oruga y aplique azufre; después cubra la superficie abierta en el tallo con una vendaje de algodón. Ponga tierra sobre el área donde hizo la cirugía y riéguela bien. En muchos casos esto salva la planta. Pero generalmente hay más de una oruga en más de una zona del tallo y tendrá que revisar y repetir la cirugía donde las encuentre. Hay quien piensa que sembrando cada seis semanas, las plantas jóvenes van a resistir esta infestación mejor que las plantas viejas. Esto no es cierto. Atacan a todas, no importa la edad de la planta.

Si ve una mariposa nocturna de vuelo rápido alrededor de sus plantas de calabaza, espere tener problemas. Esta mariposa de cola roja y cuerpo oscuro es la forma adulta recientemente salida del estado de ninfa. Ella pasa el invierno en la tierra y deposita sus huevos en los tallos de las plantas. No trate de controlar este

Abril
en su jardín

problema con el uso de productos químicos, en su lugar utilice agua para destruirlos. Recuerde que la planta de calabaza produce flores de los dos sexos, por lo tanto requiere la acción de los insectos para ser polinizada durante el verano. Tampoco cubra la planta pues así está evitando que los insectos hagan su tarea.

Las orugas atacan cualquier variedad de calabaza pero no atacan a los melones ni a los pepinos. Los insectos, principalmente las abejas, llevan el polen de las flores machos a las flores hembras hasta una milla de distancia. Los insectos no se quedan en una planta cuando toman el néctar y el polen; ellos se mueven de una planta a otra y de flores machos a hembras y, sin saberlo, polinizan. Debido a esta acción de los insectos, nunca guarde o use semillas de plantas con dos clases de flores. Estas semillas invariablemente están mezcladas y generalmente no producen buenas plantas.

A veces la cosecha de frutas no es buena; esto es debido a que las semillas vienen de plantas que no se han desarrollado bien. A los pepinos les gusta la temperatura fría, pero recuerde que en esta época el calor o las temperaturas altas pueden regresar en cualquier momento. A los melones, las calabazas y las sandías les gusta el calor del verano. Puede plantar todo lo que quiera, pero recuerde que estas plantas requieren mucho espacio y mucha agua.

Mayo

En mayo la elevación de su sitio le indicará si ya terminó la primavera y el verano está empezando en esa parte del desierto. En las elevaciones más altas y frías, todavía hay oportunidad para plantar árboles y arbustos, ya que estas plantas se desarrollarán mucho más fácilmente en este tiempo. Las flores anuales de invierno todavía están bastante bien y pueden durar un poco más. En las áreas con elevación más baja, las flores anuales de invierno necesitan ser reemplazadas con las flores anuales de verano.

Si la tierra del jardín no está preparada, éste es el mejor tiempo para hacerlo. Compre flores anuales de verano que están a punto de florecer para estar seguro de obtener el color que desee; no puede confiar en las etiquetas de las plantas. Una planta a punto de florecer tendrá el tamaño correcto. Recuerde que plantar a una mayor densidad le dará más color por pie cuadrado.

No plante flores alrededor de un árbol del desierto. Las flores crecen bien a la sombra de palos verdes, acacias y algarrobos, pero si planta las flores alrededor de sus troncos, posiblemente afecte negativamente a estos árboles ya que el riego que se necesita para que las flores crezcan favorablemente será demasiado para los árboles. Para evitar este problema, plante sus flores anuales en macetas. Recuerde que una maceta con una capacidad menor de cinco galones será un problema cuando llegue el calor y requiera que la riegue todos los días.

Dele prioridad a las plantas recién plantadas en su jardín, después riegue las plantas que ya están produciendo nuevas ramas; finalmente, riegue todo lo demás, incluyendo los cactus.

Mayo es el mes de los cactus. Notará que los nopales están floreciendo; observe el centro de las flores y verá un montón de abejas dando vueltas como marineros borrachos, rendidas por el néctar. Ahora, observe si hay algunas flores en los saguaros; seguro que sí, y, sin duda, querrá tomarles fotos. Hágalo ahora, pues no durarán mucho. Plante o trasplante los cactus ahora. Estas plantas amantes del calor del desierto se deben trasplantar durante el mes de mayo, antes que las temperaturas estén muy calientes. Trate las raíces del saguaro con mucho cuidado.

Las nuevas pencas en el nopal, que aparecen al mismo tiempo que las flores, son comestibles. Puede comprarlas en las tiendas especiales listas para su consumo, o usted puede hacer sus propios nopalitos. Corte las hojas nuevas y blandas y queme las espinas sobre una llama. La piel se ablandará, y así podrá quitar las espinas. Entonces cocine los nopalitos o haga un escabeche con vinagre y los condimentos de su preferencia.

Los enjambres de abejas son comunes en mayo. No se asuste cuando vea las abejas agrupadas en las ramas de un árbol, en el alero del techo, o en la puerta del frente de su casa. No fumigue el enjambre con insecticidas. No le eche agua. No se acerque a ellas, para la

Abajo Izquierda: Todo empieza con la polilla atacando las hojas de la parra creando un daño en las hojas con la apariencia de un esqueleto. Esta polilla vuela durante las horas del día.

Abajo Derecha: Esta polilla de movimiento lento deposita sus huevos en la parte inferior de las hojas de la parra. Para detectar este problema es necesario buscar los huevos en esta parte de las hojas.

seguridad de ellas y de usted. Simplemente, están esperando un nuevo hogar, al ser sacadas de su vieja colmena a causa de la aglomeración. Cada abeja está llena de miel y generalmente no puede doblar su cuerpo para usar su aguijón. En un día o dos el enjambre encontrará un hogar permanente y desaparecerá. A veces el hogar de las abejas puede estar detrás de una pequeña abertura en las paredes de su casa; entonces, usted tiene que hacer algo, y muy rápidamente, para eliminar los enjambres de lugares peligrosos.

Si usted tiene parras, observe atentamente si éstas tienen una polilla azul negruzca, como de una pulgada de largo, que normalmente sale de una crisálida. Es el insecto adulto que ataca las hojas formando un esqueleto en ellas. Éste es un insecto volador diurno que es fácil de observar muy temprano por la mañana cuando la temperatura está bastante fría. Se posará en las hojas soleadas para calentarse. Es entonces cuando usted puede atraparlas con sus dedos. Si hay muchas, puede atrapar una mayor cantidad con una red de mariposas. Si ve a dos de ellas amarradas por sus colas, puede esperar que muy pronto tendrán huevos. Éstos los ponen en racimos de 20 o más en la parte inferior de las hojas. Rápidamente se convertirán en pequeñas orugas o gusanos, que rápidamente crecerán. En este tiempo el daño es evidente. Si no les hace caso, harán mucho más daño, y ramas completas se volverán esqueletos. Ya los gusanos tienen un centímetro de largo y tienen franjas amarillas y negras alrededor de sus cuerpos. El control de estos insectos, al principio, es fácil. Corte las hojas que tengan racimos de huevos, o corte las hojas que tengan enjambres de gusanos. Después que los gusanos han mascado varias hojas, tendrá que regarlos con Sevin®, Malathion® o *diazinon*. Algunas veces es posible, en el frío de la mañana temprano, sacudirlos de la planta y así no podrán encontrar el camino desde la tierra hacia las hojas.

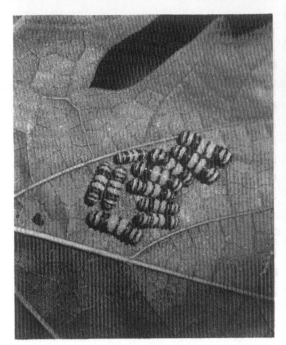

La planta de *dichondra* es atacada en mayo por ciertos escarabajos pequeños que saltan como pulgas. Ellos saltan de las hojas dejando un rastro de color café cuando usted camina cerca de las plantas. Gran cantidad de estos insectos pueden destruir la *dichondra*. Para controlarlos, riéguelos con *diazinon* o Malathion® por la tarde.

El gorgojo picudo del aloe y del maguey es muy activo durante este mes. No verá a este pequeño gorgojo negro hasta que ya sea muy tarde. Se esconde en los tallos de los áloes y las yucas masticando los tejidos blandos hasta que la planta no puede absorber el agua de la tierra, y se muere. La planta infectada se muere, pero las plantas que están situadas cerca deben ser protegidas tan pronto como sea posible. En efecto, debe adoptarse una rutina para cuidar los áloes en mayo y de nuevo en septiembre, cuando los escarabajos ponen los huevos.

El tratamiento establecido para el moho polvoriento en los arbustos, es regarlos con azufre, pero no lo haga después que la temperatura alcance los 100° F; el rociado se vuelve corrosivo con el calor excesivo.

Las prácticas de cultivo pueden reducir el moho en los arbustos. Los jardineros observadores dicen que hay más moho en los setos que han sido podados frecuentemente que en los bordes que se dejan crecer naturalmente. Los setos podados son compactos y apretados; su densidad no permitirá que el aire circule y ventile el follaje. Estos son factores que favorecen el crecimiento del moho, y debilitan el seto, haciéndolo más vulnerable.

Las rosas necesitan ayuda en mayo cuando están desarrollándose; cubrirlas es uno de los mejores medios para protegerlas durante los meses de verano. Esto le proporciona sombra a la tierra y la conserva fría, previene que la humedad se evapore y evita el crecimiento de las malezas. Aunque al cubrirlas puede que las chinches, las tijeretas y los grillos se aniden dentro, pero vale la pena.

Arriba Izquierda: Los huevos encuban en un día aproximadamente convirtiéndose en orugas que destruyen las hojas.

Arriba Derecha: Cuando este problema no se controla, los daños a las parras pueden ser considerables.

Trabaje temprano por el día, pero revise las plantas por la tarde. Las temperaturas alcanzan los cien grados en mayo, y el trabajo afuera se realiza mejor temprano en la mañana. Revise sus plantas de nuevo a mitad de la tarde, y riegue si hay indicios de marchitamiento.

Los vigorosos y nuevos brotes necesitan que los poden ligeramente. Los laureles y las alheñas también deben ser podados ligeramente. No pode los laureles si están teniendo capullos ya que perderán su colorido primaveral. Demore el podarlas hasta después que florezcan. Un gran crecimiento en los árboles cítricos, especialmente los limones, necesita ser observado. Si se deja que crezca mucho, el árbol perderá su forma compacta, lucirá muy abierto y ocupará mucho espacio. Elimine los nuevos brotes blandos con sus dedos, mientras que las puntas estén blandas. Revise los nuevos crecimientos en las macetas colgantes, especialmente las que contienen margaritas africanas, capuchina y verbena. Pode los pedazos largos y extendidos; puede usarlos como cortes para producir nuevas plantas. Remueva las ramitas que han sido dañadas por la helada.

Como regla general, los árboles cítricos se deben fertilizar en enero, mayo y agosto, pero si las hojas tienen un color verde oscuro, no hay necesidad de fertilizar.

Muchas malezas de invierno se secan durante el mes de mayo; sin embargo, aún representan un problema. Si no se cortan, las malezas esparcirán sus semillas sobre la superficie del suelo. Recoja las plantas secas en sacos; no deje que sus semillas caigan en la tierra. Las malezas de verano están saliendo ahora también y hay que eliminarlas para que no se desarrollen.

En resumen:

- ❖ Prepare la tierra para la siembra del verano.
- ❖ No plante flores en la base de los árboles del desierto.
- ❖ Revise los rosales.
- ❖ No asuste a las abejas, ni las fumigue para espantarlas.

La irrigación

Ya en el mes de mayo empezamos a notar que el calor está presente. El sol está alto y no hay mucha sombra; los días son más largos y la salida y puesta del sol se mueven hacia el norte y algunas partes del jardín comienzan a tener más luz solar. Las plantas aumentan la absorción de agua y hay que regar con más frecuencia. Generalmente el primer aumento de temperatura a los 100° F más o menos nos llega de sorpresa y las plantas sufren, en otras palabras el verano está llegando.

Ahora hay que vigilar la cantidad de agua pues las frutas nuevas ya están en los árboles. Los chabacanos casi están listos para cosecharlos; si no lo hacemos, éstos se perderán debido a la acción de los pájaros y el viento. El calor, el aire seco y la pérdida de agua pueden afectar a las manzanas y a los duraznos que ya se han desarrollado. Las hortalizas del verano necesitan ser vigiladas, pues si no reciben suficiente agua y las primeras frutas se caen, habrá una demora para que vuelvan a producir.

Las cebollas

Las cebollas después que han tenido un período de tiempo en crecimiento, de pronto están listas para ser cosechadas. Las variedades que vienen de buenos bulbos dan buena cosecha, pero las que no, lo único que hacen es producir flores. Recuerde que las flores le quitan nutrientes a la planta y entonces no hay cebollas. Hay dos variedades de cebolla: Texas Grano y California Red, las cuales son de ciclo corto, es decir, están bien adaptadas a nuestra región desértica. No plante muchos bulbos de cebolla porque requieren mucho tiempo para desarrollarse bien. Por el contrario, las variedades *slim-stemmed bunching* se desarrollan muy bien. Los bulbos de estas variedades deben ser divididos para plantarlos. La mejor forma de cultivar las cebollas es la de sembrar en septiembre, trasplantar durante el mes de enero y cosecharlas en mayo. Las cebollas requieren de tiempo y espacio a medida que los bulbos se hinchan. Cada semana quite un poco de tierra de la base de las plantas y deje que la luz solar las madure, y a medida que las hojas se empiezan a doblar y a secar, reduzca el riego. No le corte las hojas, deje que éstas se sequen. Después que los bulbos estén al descubierto pueden ser separados de sus raíces y colocados en un lugar con aire fresco donde los puede guardar por un máximo de dos meses.

Los ajos

Los ajos y cebolletas se siembran en enero y se comportan más o menos como las cebollas. Es muy importante dejar que los ajos se sequen completamente; las ramas y hojas se vuelven como paja, pero no las corte. Si hay flores, como con las cebollas, es mejor doblar los tallos para evitar que las flores le roben los nutrientes a la planta. Los nutrientes son necesarios para la producción de los dientes de ajo. No es recomendable sacar los ajos antes que los dientes estén completamente secos y duros.

Los tomates florecen en este mes, pero si las noches enfrían, esto puede afectar la polinización. Muy delicadamente sacuda las ramitas temprano en la mañana cuando las flores están frescas. La vibración que produce el movimiento hace que el polen se transfiera a otras flores. Otra forma es rociar las flores con *tomato-bloom set*; lea como se usa el producto antes de usarlo.

La polinización de la calabaza

Las calabazas que usted plantó temprano empiezan a florecer, pero a veces no hay desarrollo de frutas. Las flores hembras salen en la planta y tienen una fruta pequeña o gruesa inmediatamente detrás de la flor. Desafortunadamente las primeras flores son machos y toma tiempo para que las flores hembras salgan; a veces durante toda la vida de la planta, sólo flores machos son producidas. Lo mejor que se puede hacer es eliminar las ramitas de crecimiento terminal.

Muchos sacan la planta y siembran de nuevo, pues todavía hay tiempo para producir calabazas. Pero si usted tiene machos y hembras entre las flores al mismo tiempo, no crea que eso significa que va a tener calabazas. La polinización ocurre natural o artificialmente. Normalmente las abejas, las moscas y las hormigas polinizan las flores de la calabaza que están abiertas durante la mañana chupando el néctar y el polen. Si hubo polinización, las flores se caen al día siguiente y las flores hembras producirán calabazas. En caso contrario, la fruta pequeña que ya está completamente formada adquiere un color café, se arruga y no se desarrolla. Para evitar este problema se requiere que las flores sean polinizadas artificialmente. Temprano por la mañana, usted va a su jardín y revisa el estado de sus plantas de calabaza. Tiene que estar seguro que hay de las dos clases de flores: macho y hembra—la flor hembra con su fruta detrás de la flor y la flor macho con su pedúnculo delgado. Entonces quite las flores macho, elimine los pétalos amarillos y entonces tendrá en su mano un pedúnculo con una prominencia o bulto amarillo al final; friccione el bulto amarillo de la flor macho en el centro de la flor hembra donde hay una prominencia o bulto y de esta manera usted habrá completado la polinización. Con una flor macho usted puede polinizar aproximadamente 4 o 5 flores hembras. Si usted hace esto cada mañana tendrá una buena cosecha de calabazas y cinco días más tarde puede recoger la fruta que será como de unas seis pulgadas de tamaño. No es recomendable dejar que las frutas crezcan demasiado ya que éstas son fibrosas y desarrollan semillas. Si usted cosecha la fruta a su debido tiempo, la planta producirá más flores y, por consecuencia, más frutas. No siembre más de tres semillas cada vez que usted empiece el cultivo de la calabaza; de esta forma usted tendrá todas las calabazas que usted puede comer. Después de haber resuelto a satisfacción la cosecha de la calabaza, usted debe darle atención a sus parras ya que puede que le tengan una sorpresa desagradable. Los insectos la han atacado y es el primer ataque, el principio del problema.

Abajo Izquierda: Las flores macho identificadas por sus tallos altos y delgados nunca producen fruta. Sin embargo, ellas son muy necesarias ya que producen el polen que los insectos transportan a las flores hembra para su polinización.

Abajo Derecha: Ésta es una flor hembra con su fruto que ha empezado a crecer. Esta flor permanece viable solamente una mañana, y debe ser polinizada antes que se marchite. Si los insectos no polinizan las flores, hay que hacerlo manualmente para obtener calabazas.

Los melones, las calabazas y los pepinos

A los melones y a las calabazas les gusta el sol y si usted tiene espacio haga otro surco para sembrarlos ahora. A estas hortalizas les gusta tener espacio y agua, por lo que le recomendamos que no siembre más de lo que usted va a usar. La calabaza del invierno es una enredadera fuerte y grande y tomará mucho espacio. Continúe eliminando con los dedos las ramitas nuevas para estimular que salgan ramas a los lados que producirán más flores y, consecuentemente, más frutas. Hay muchas variedades de calabazas del verano, por lo que le recomendamos que use diferentes variedades.

Los pepinos están relacionados con la calabaza y los melones, pero a ellos no les gusta el sol tanto como a la calabaza y el melón. Si usted sembró pepinos en marzo, usted debe estar cosechando pepinos ahora. Es un poco tarde para sembrar pepinos en mayo, pero algunos agricultores usan las semillas de la variedad "Armenian". Busque un lugar en el jardín que tenga sombra en la tarde y póngale un soporte o espaldera alto para que la enredadera de esta variedad se desarrolle y crezca. Coloque el soporte o espaldera en posición inclinada en lugar de ponerla en forma vertical; de esta manera la fruta no se deformará.

Los sustitutos de la espinaca

Otras dos hortalizas de verano son la espinaca de la variedad Malabar y la de Nueva Zelandia. Las dos pueden ser sembradas ahora. Ninguna de las dos son verdaderas espinacas, pero las hojas se pueden comer y saben bien. Ellas crecen muy bien en los meses de verano. Cosechando las hojas, se mantiene la planta robusta y compacta con ramas frescas. Estas plantas pueden ser cultivadas en macetas o en la tierra.

El control de malezas

No deje que las malezas comiencen a desarrollarse en el verano. Ellas empiezan a dar semillas y tenemos el criterio de ignorarlas porque son pequeñas. Las lluvias del verano las hacen crecer en una forma alarmante. Eliminarlas con el azadón ahora nos ahorra problemas posteriores.

Las plantas en las macetas

El aire fuerte y seco destruye las plantas en macetas si éstas están expuestas a las fuertes corrientes de aire, por lo que se debe buscar un lugar donde éstas puedan ser protegidas. Una maceta plástica negra absorbe el calor del sol al punto que las raíces de la planta se cocinan. Para resolver este problema, pinte la maceta de blanco o cubra la maceta con papel de aluminio y evite que la planta sea expuesta al sol de la tarde.

El maíz

Muchos agricultores se preocupan por los chupones de la base de la planta. Ellos consideran que la planta pierde una gran cantidad de alimentos y la mazorca sufre en su desarrollo. Otros piensan que es de beneficio porque con esas hojas adicionales, la planta recibe más energía solar y de esta forma la planta produce más.

Las variedades de maíz producto de cruzamiento dan un gran número de chupones y si la tierra tiene buena cantidad de nitrógeno esto no representa un problema para la planta. La planta de maíz requiere agua y nutrientes, por lo que hay que regarla muy bien y darle una cucharada de sulfato de amonio cada dos semanas. Temprano en mayo esté alerta contra el gusano cogollero. Éste vive en el tallo y se nutre comiéndose las hojas que todavía no han salido. A veces el ataque es tan grande que las hojas no se desarrollan. Cuando usted ve que esto ocurre, generalmente es tarde, por lo que es mejor prevenir, y para esto lo mejor es poner un insecticida en la base de la planta cuando ésta es de un pie de altura. Es mejor usar el polvo disuelto en agua para que no se pegue a la planta. Puede usar Sevin®, Malathion 50® o *diazinon*. Una aplicación debe ser suficiente, pero a veces hay que repetirla cada 7 o 10 días; esto depende de cómo se comporten estos gusanos. Siempre lea la etiqueta del insecticida antes de usarlo. Si prepara una solución muy fuerte, puede matar la planta. El maíz es una planta de un solo capullo. Si a usted no le gusta usar insecticidas puede tratar productos que contienen una bacteria que hace a estos gusanos tener trastornos digestivos. Puede tratar Dipel®, Thuricide® o B.T. Éstos son nombres comerciales para el *Bacilo thuringiensis*. Hay otro gusano que ataca el maíz y que se mete dentro de la mazorca y se come los granos del maíz. Este gusano viene de los huevos producidos por la mariposa nocturna. Los huevos los ponen en la abertura de la mazorca. Una vez que el gusano está desarrollado, se mete dentro de la mazorca, por debajo de las hojas que la cubren, donde ellos están protegidos de los pájaros.

Algunas variedades de maíz desarrollan hojas largas que protegen la mazorca y, por lo tanto, el gusano no la penetra; las variedades que tienen pocas hojas y con una abertura al final de la mazorca son muy vulnerables a esta infestación. Una vez que el daño ocurre, no puede hacerse nada. Usted debe anticipar esta situación y proteger su cosecha de maíz aplicando tres o cuatro gotas de aceite mineral en la abertura de la mazorca. Los huevos y los gusanos se mezclan con el aceite y la cosecha se salva.

Otra causa de la pérdida de la cosecha del maíz en el desierto es una temperatura que alcanza los 100° F y la polinización no se realiza. Los granos de polen que caen de las flores pueden ser dispersados por el viento. Trate de recoger el polen usando un papel o cartón puesto en la espiga de las plantas tan pronto como empiecen a producir el polen. Si no hay viento que transporte el polen, muy suavemente sacuda la espiga para que el polen sea recogido en el papel o cartón.

Los insectos

Seguramente usted nunca pensó que había tantos insectos. Pero antes de considerar cualquier acción para exterminarlos, recuerde que la mayoría de éstos no son dañinos y muchos son beneficiosos. Empezando por el saltador de las hojas de la parra, este pequeño insecto aparece en gran número (100 o más) en las hojas de la parra y ataca la superficie de la hoja dándole una apariencia grisosa o plateada. Este insecto puede afectar el proceso de la fotosíntesis aunque el daño parezca que es mínimo. Cuando usted camina alrededor de la parra y debajo de las ramas, usted puede oír estos insectos brincando sobre las hojas; no los ignore, ellos son pequeños y tal vez insignificantes, pero una infestación grande puede dañar la hojas tan severamente que las hojas pierden su humedad y caen de la planta. Rocíe la planta con *diazinon* o Malathion 50®.

Hay otro insecto que está relacionado con el anterior y es más dañino; es el saltador de la remolacha. Este insecto transmite el virus que hace que las hojas se enrollen. Estos insectos se nutren de plantas del desierto y cuando estas plantas se secan y mueren, se mudan para nuestro jardín, trayendo el virus con ellos. Hay muchos de ellos y se mueven en grandes grupos; en este momento no es recomendable rociar las plantas. Usted puede cubrir su planta de tomate con una tela o manta delgada para tratar de mantener estos insectos fuera de su planta y al mismo tiempo proteger la planta del fuerte sol, pero recuerde, el cubrir la planta no garantiza que va a evitar que estos insectos la ataquen. Otras formas de protección incluyen plantar variedades que son resistentes a este insecto y su virus.

Hay otro gusano al que le gustan mucho las hojas de los árboles cítricos; tiene que estar alerta para evitar el daño que pueda hacerle a sus cítricos. Cuando los vea, quítelos y destrúyalos. Tampoco usted ve los gusanos de la tierra de los tomates hasta que se han comido una gran cantidad de hojas. Tiene que estar siempre alerta y buscar estos insectos antes que ataquen sus plantas y las destruyan.

Prepare el espacio para la siembra

El inicio del verano significa que se acabó la época fría, por lo que no debemos perder el tiempo con lo que quede en nuestro jardín de la cosecha del invierno. Saque todas esas plantas (zanahorias, cebollas, lechugas, remolachas) y prepare el espacio para las calabazas, los melones, las sandías, los frijoles. A todas estas hortalizas les gusta el calor y crecen muy vigorosas, pero necesitan mucha agua. Piense en el costo del agua; por lo tanto, decida si es práctico el cultivar hortalizas que usted puede comprar en la tienda, pero recuerde que cualquier hortaliza que usted cultiva sabe mejor que los que pueda comprar.

Mayo
en su jardín

Mayo
en su jardín

Los pájaros

La forma que los pájaros tienen de descubrir las frutas y dañarlas antes que éstas maduren irrita mucho a los que cultivan árboles frutales. Se emplea tiempo, esfuerzo y dinero cultivando nuestros árboles frutales; por lo tanto, tenemos razón en esperar que sus frutos sean de nuestro agrado, pero los pájaros se oponen a nuestros planes. Hay muchas ideas y formas de mantener los pájaros fuera de nuestros árboles, sin embargo, no son todas muy efectivas.

El espantapájaros, una serpiente de plástico, los juguetes de los niños, una lechuza de yeso o plástico, espejos, platos de metal amarrados con un cordón son efectivos por algunos días, después los pájaros se acostumbran, por lo cual se recomienda cambiarlos de lugar y posición para hacerlos más efectivos.

El recortar la silueta de un halcón y ponerla en un palo largo amarrado con un cordón parece efectivo, pues a los pájaros no les gusta la apariencia del halcón. Los sicólogos sostienen e insisten que la figura y los movimientos de la misma con el aire y la sombra sobre la tierra espanta los pájaros. El tener un gato es hasta cierto punto práctico pero no nos agrada ver cuando atacan y matan a los pájaros.

La red para los pájaros es práctica y fácil de adquirir en varios tamaños, pero generalmente hay que unir los pedazos uniéndolos para que puedan cubrir el árbol completamente. No es práctico cubrir la parte de arriba o la circunferencia del árbol.

Una vez que ha cubierto el árbol hay otro problema que resolver: A un árbol lleno de frutas le pesan mucho las ramas y éstas a veces se parten o rompen por lo que tiene que apoyarlas. Hay veces que las toronjas que se encuentran en las ramas bajas, próximas a la base del árbol, se pueden poner sobre bloques, ladrillos o tablas para protegerlas. La poda del árbol en el mes de enero ayuda a evitar el problema del peso excesivo en las ramas y la rotura de muchas de ellas, además de mantener el árbol pequeño y, por lo tanto, fácil de cubrir. Revise la parra y busque las ramas que están desarrollándose y déjelas que cuelguen libremente. Si tiene muchas frutas puede cortar de abajo aproximadamente un tercio de ellas; esto ayuda a dar mejores frutas. No olvide que tiene que regar mientras la planta está produciendo.

— ❖ —

Junio

Junio es el mes en que comenzamos a recibir las cuentas más altas de agua. Si sus plantas no reciben el agua que necesitan, ellas le avisarán. Un zacate seco, al principio, tendrá un color gris plateado, y después color de paja. La alheña y los rosales se marchitarán y desarrollarán manchas de color café en las hojas; éstas son producidas por quemaduras de sol. Los árboles tendrán muchas hojas amarillas en su interior, y los nuevos nacimientos lucirán lánguidos en vez de ser brillantes. Si la sequía continúa, las hojas amarillas se caerán; el junquillo y los pinos son un ejemplo notable. Los árboles cítricos dejarán caer sus frutos tiernos—debido al problema doble de las altas temperaturas y la falta de agua. Usualmente, se puede evitar el problema prestando atención a los requerimientos de agua de la planta. Tendrá que regarlas más frecuentemente que durante el mes pasado; pero no cometa el error de regarlas demasiado.

No es probable que su zacate sufra de hongos en junio. Los vendedores en las tiendas de jardinería, con un ojo en la caja registradora, rápidamente dirán que la apariencia plateada del zacate significa que tiene una enfermedad terrible de hongos, que solamente puede curarse con quince dólares de cualquier producto químico. No les haga caso. Las enfermedades por hongos en el zacate son favorecidas por las constantes condiciones de humedad, las cuales no se presentan en junio. Examine la tierra de las áreas enfermas, si está dura y seca, no está regando lo suficiente. Si acepta la teoría de la enfermedad y compra la marca X, seguramente trabajará por un tiempo. La razón es obvia: el producto químico tiene que aplicarse con mucha agua; es la irrigación lo que va a curar el problema.

Ahorre agua usando estiércol ya que al cubrir la superficie del suelo con estiércol conserva la humedad y reduce la temperatura del suelo. El suelo de las plantas nativas del desierto no necesita cubrirse, pero sí debe cubrir el suelo de sus rosales y otras plantas afectadas por la sequía del verano. Quizás lo mejor sea cubrirlos con cojines nuevos de evaporadores de agua.

¡Vigile las mangueras calientes! Una manguera de jardín que esté afuera en el sol en junio por un par de horas, mantendrá el agua tan caliente que le quemará sus manos y lo suficientemente caliente para producir daños al follaje de la planta y a las raíces. Antes de regar sus plantas, use esta agua caliente donde no produzca daño; úsela para limpiar el polvo del patio o en la alberca.

En junio se presentan las quemaduras del sol en las hojas. El calor en sí es intenso, pero también lo es la radiación solar. Si una planta de hojas anchas desarrolla una quemadura en el medio de sus hojas antes que la hoja completa sea afectada, esto puede indicar dos cosas. Primero, que la planta no es propia para el desierto y debe ser reemplazada; segundo, que la planta no tiene suficiente agua. Las hojas secas se queman más pronto que las hojas llenas de humedad.

Los geranios entran en su última etapa de crecimiento en este mes y empiezan a morirse con el calor en julio. En lugares no desérticos los geranios son perennes, pero aquí no resisten el calor del verano. Las macetas de los geranios pueden ser trasladadas a un lugar sombreado, pero los que han sido plantados afuera, en un lugar soleado, sufrirán. Algunos jardineros permiten que los geranios tengan su oportunidad de vivir y corren el riesgo; si las plantas sobreviven un verano intenso, las cortan para obtener nuevos crecimientos frescos en la temperatura fría de septiembre. Si usted usa este método, recuerde que si los riega mucho durante el calor del verano, sus raíces se pudrirán y la tierra se contaminará. Los geranios, hasta cierto punto, toleran las sequías y es mejor regarlos ligeramente.

Los peores productos químicos son los esterilizantes del suelo que nunca deben usarse en los jardines urbanos; estos productos se encuentran comúnmente en los estantes de las tiendas de jardinería bajo la etiqueta de "matadores de la vegetación". Efectivamente, sí matarán las plantas y además tienen un efecto residual negativo. Si un árbol o arbusto deja de crecer, desarrolla hojas mohosas, y si finalmente muere sin una buena razón, se puede sospechar que se usó algún esterilizante. Un árbol que en un lado esté en buenas condiciones y muerto en el otro lado, gráficamente le dirá que usaron esterilizantes en la parte muerta, lo cual, por desgracia, es algo muy común, especialmente en las plantaciones. Estos productos químicos destructores, algunas veces se aplican en el patio del vecino, pero las raíces de los árboles no reconocen los límites de una propiedad y, por lo tanto, pueden ser afectados. Trate de lavar el esterilizante de la tierra y de las raíces con riegos profundos.

¿Lloverá en este verano? Casi al finalizar junio esto es lo más importante en la mente de los habitantes del desierto. Las nubes espléndidas se presentan por las tardes, hay una ligera humedad, las cigarras comienzan a cantar, y se pueden oír truenos a lo lejos. Nos llenamos de esperanza y las plantas también. Obsérvelas detenidamente; ellas sienten la humedad y, anticipando una tormenta, comienzan un pequeño crecimiento nuevo al final de sus ramas. Si no llueve, riéguelas, para satisfacer sus requerimientos de agua.

En resumen:

- ❖ Preste atención al zacate.
- ❖ Vigile las mangueras expuestas al sol, no riegue con el agua caliente.
- ❖ Lea las instrucciones para el uso de "matadores de la vegetación".
- ❖ Cultive la calabaza.

El mes de junio nos hace trabajar temprano en el día pues el calor ya puede llegar a 100° F o más. Las toronjas deben estar listas para hacer jugo y darnos la delicia de saborearlas en la mañana. También las naranjas están maduras y dulces para comerlas. La cáscara de las frutas cítricas debe ser delgada, pero si es gruesa esto nos alerta a no fertilizar mucho durante el año. Si los árboles cítricos tienen muchas frutas, debe recogerlas ahora, pues además las frutas nuevas necesitan de todos los nutrientes que el árbol les pueda dar.

La polinización de la calabaza

Temprano en la mañana es cuando se debe trabajar con la calabaza, haciendo lo que se conoce como polinización manual. Observe por un buen balance de flores hembras y machos y no crea que si hay alguna fruta detrás de alguna flor, la calabaza se desarrollará sin polinización. Las flores que no se han polinizado se pudren y usted puede pensar que es una enfermedad, pero no es así.

El daño en esta calabaza es causado por la falta de polinización y no por alguna enfermedad.

Los insectos

Cuando se está trabajando con la polinización de la calabaza hay que revisar para descubrir los insectos que atacan esta planta; los que ponen los huevos en los tallos son tan pequeños como la cabeza de un alfiler. Se pueden quitar fácilmente y evitar que incuben y produzcan más insectos que acabarán con la planta. Este insecto es la mosca de la calabaza.

Los tomates

Algunos tomates se pudren ahora con el calor; cuando esto pasa es posible que usted piense que ha hecho algo malo con sus plantas de tomate. La fruta madura puede tener una mancha negruzca, como corcho; usted puede cortar esa parte de la fruta y comer el resto. Los fitopatólogos nos dicen que no es ninguna enfermedad, que es una condición en que la planta no tiene ninguna infección de virus o bacteria y que es debido a no haber regado las plantas de tomates profundamente cuando hay temperaturas altas, lo que afecta que la planta no tome el calcio que necesita. Manteniendo constantemente muy húmeda la tierra hace que la concentración de oxígeno en el suelo sea muy baja y esto afecta la función de las raíces. La condición de las frutas no va a mejorar entonces; si tiene muchos tomates verdes con la mancha negruzca, usted debe arrancarlos y dejar que la planta vuelva a producir. No las riegue mucho y no las deje secar; cúbralas y protéjalas del calor y tendrá buenos tomates.

Los tomates *"cherry"* pueden aceptar el calor del verano y producir frutas continuamente; desafortunadamente no a todos les gusta este tipo de tomate. No trate de cultivar las variedades de tomate Beefsteak o Super Beefsteaks pues éstas no están adaptadas a la región.

El agua y cuándo regar

Lo mejor es regar por el sistema de llevar el agua a la profundidad de las raíces para crear una reserva de humedad en el suelo y estimular el crecimiento de las raíces profundas. Se recomienda regar por la mañana ya que sus plantas estarán en mejores condiciones para resistir el calor del día.

Aumente el área de la base de los árboles y use el instrumento necesario para saber si el agua ha llegado a tres pies de profundidad; si no lo hace, verá que su árbol deja de crecer apropiadamente. Si usted ve que las nuevas ramitas se mueren, tendrá que esperar un año más para ver frutas en sus árboles. Conserve el agua de la irrigación cubriendo la base de los árboles con una capa de paja o con abono, pero no use plástico pues éste hace que la tierra se caliente mucho.

Las parras

Las uvas que se desarrollaron temprano en la temporada ya han madurado y son atracción para los pájaros. Éstas ya están listas para ser cosechadas, pero si los racimos no se protegen dentro de una envoltura de papel, no habrá uvas para comer. No hay que hacerle agujeros a las envolturas pues los pájaros se meterán a buscar las frutas. No use bolsas plásticas, porque éstas sudan y las uvas se pudren. Cuando usted coloque estas envolturas en las parras para protegerlas de los pájaros, revise cómo están las ataduras que puso en la primavera. No use alambre cubierto de papel; aunque parezca fácil de usar, hay que saber que este tipo de amarre no es flexible. Recuerde que los hilos de nilón o de algodón tampoco son flexibles. Estos amarres deben quedar flojos para que los crecimientos futuros no se estropeen; por eso es importante revisar estos amarres y hasta cortar algunos para liberar los nuevos crecimientos. Hay un material que es flexible y se estira, es una cinta plástica verde que viene en rollos; este material es ideal para hacer los amarres. Los nuevos crecimientos seguirán desarrollándose en el verano y usted tiene que guiarlos y amarrarlos usando la cinta plástica verde.

A medida que el ambiente se calienta también aumenta la necesidad de vigilar la cantidad de agua del suelo. Use esta herramienta para determinar el nivel de humedad y la profundidad del agua en el perfil del suelo.

Antes que las uvas (o cualquier otra
fruta) maduren protéjalas de los
pájaros. Una sábana grande que cubra
el árbol será buena protección así como
también las envolturas de papel
colocadas en los racimos. No haga
agujeros en las envolturas, pues actúan
como ventanas para que los pájaros se
metan dentro. No use bolsas de plástico
pues estas hacen que las frutas suden y
se pudran.

Las semillas

En junio hay un gran crecimiento y desarrollo de las plantas. Ponga
semilleros de calabaza, melones, quingombó (*okra*) y frijoles. A estas
hortalizas les gusta el calor y germinan en tres o cuatro días. Dele
sombra a las plantas de tomate, chile, berenjena y pepino pues las
temperaturas altas les perjudican, la producción de flores decrece y
algunos dejan de florecer; las plantas siguen creciendo y las que
siguen produciendo flores no dan frutas pues el polen se muere por el
calor. Para remediar esta situación, dele sombra a sus plantas con una
cubierta de tela para reducir la temperatura y la intensidad solar de
junio y al mismo tiempo mantener humedad alrededor de la planta.

Los ejotes verdes

Con el calor de junio es bueno cultivar esta planta, a la cual le gusta el
calor y el sol y produce una buena cantidad de frutos hasta que en
noviembre se muere con las heladas. Hay un gran número de
variedades; busque *"asparagus beans"* o *"Chinese pole beans"*. Tiene
que proveerles una espaldera o soporte de unos seis pies de alto. Las
espalderas deben tener una inclinación que permita la fácil cosecha de
las frutas. Estos frijoles crecen mucho y se desarrollan muy bien,
produciendo abundantemente. Es preferible cosechar las vainas antes
que se endurezcan, por lo que a veces hay que recogerlas dos veces a

Junio
en su jardín

_____
_____
_____
_____
_____
_____
_____
_____
_____
_____
_____
_____
_____
_____
_____
_____
_____
_____
_____
_____
_____
_____
_____
_____
_____
_____
_____
_____
_____
_____

la semana; también se pueden dejar que se sequen en la planta y tengan granos duros, pero ése no es el objetivo de cultivar los ejotes. En el verano es delicioso comer los ejotes verdes en ensaladas y si quiere las puede cocinar a vapor de agua. No se necesita una gran extensión de terreno para este cultivo. Un surco de diez pies es suficiente. Las plantas se deben sembrar con un pie de separación. Así usted tendrá abundancia de ejotes para su familia.

El sufrimiento del calor

En los días calientes antes que lleguen las lluvias de julio, las plantas, igual que los humanos, sufren del efecto de las altas temperaturas. Lo más común es ver a las plantas perder su frescura, marchitarse, sobre todo de los nuevos tallitos. Las hortalizas, los chiles y las berenjenas son los que más sufren. Si el zacate Bermuda desarrolla manchas de café como de paja, no crea que es un hongo que ha infectado el zacate; no pierda tiempo y dinero aplicando algún tratamiento, la posible causa de este problema es la falta de agua. Otro signo que aparece en esta época de sufrimiento por el calor es una mancha amarillenta en el centro de las hojas que a veces se pone blanca y la hoja muere; generalmente esto se ve en los árboles cítricos.

Cómo dar sombra a las plantas

Si tiene plantas en macetas o barriles, debe moverlas a lugares de sombra, pero recordando que necesitan la luz del sol de la mañana y la sombra de la tarde; por lo tanto, no las ponga debajo de árboles. Puede usar tela para cubrir las plantas y darles sombra. Si usa tela oscura procure que ésta no toque las plantas ya que el color oscuro almacena más calor que puede dañar las plantas. La tela blanca puede estar cerca de las plantas, inclusive tocarlas, porque este material refleja el calor. Si usted fabrica una estructura para poner la tela, considere los movimientos del sol. Recuerde que el oeste de su jardín va a recibir las temperaturas más altas por algunas horas. Extienda la zona de sombra por tres o cuatro pies. No haga sombra para el maíz, la calabaza, los melones, y los ejotes, porque a estas plantas les gusta la luz solar. Si los árboles de duraznos o manzanas tienen frutas al final de las ramas exteriores, cubra su árbol con una tela. Los árboles cítricos y sus frutas toleran bien el calor y el sol, pero tiene que mantener la base del árbol húmeda. Cuando las frutas alcanzan un tamaño de una pelota de golf no debe haber más frutas caídas en el suelo.

Los insectos

Cuando hay mucha lluvia, el desierto y las plantas que tenemos en nuestro jardín se desarrollan bien, pero al mismo tiempo la población de los insectos acompaña este proceso. Cuando las malezas y las flores silvestres se secan, estos insectos se mueven a las plantas que están verdes, generalmente al jardín de hortalizas.

Hay un insecto en particular, el insecto saltador de la remolacha que lleva un virus con él (*curly top virus*). Esta enfermedad es incurable y empieza a presentarse en junio, a veces más temprano, cuando empezamos a cosechar los tomates. Una planta enferma se marchita, pierde su frescura, detiene su crecimiento; generalmente estas plantas mueren, pero si sobreviven puede que nos den frutas en el otoño. Las plantas que están expuestas al sol son más susceptibles a este insecto/virus que las que están en la sombra. Las plantas que mueren son foco de infección pero la tierra se puede seguir usando.

La chinche que parece como una hoja pequeña tiene patas traseras planas. Este insecto se nutre chupando el jugo de las plantas con su nariz larga y penetrante. Durante este proceso introducen bacterias en los tomates y otras frutas. Estas bacterias causan manchas que indican que la fruta se está pudriendo.

Las cigarras

Cuando ya estamos próximos a las lluvias del verano, se aparecen las cigarras. Las cigarras viven la mayor parte de su vida en su estado de larva debajo de la tierra. No se sabe exactamente cuánto tiempo ellas viven dentro de la tierra del desierto, pero cuando salen, es en gran número. El nido que hacen le indica a usted que ellas están dondequiera y el sonido que producen es un llamado a las hembras. Después del encuentro, ponen los huevos que son los que hacen daño a nuestros árboles. La hembra le hace una serie de heridas a los tallos jóvenes para depositar sus huevos; estas ramitas generalmente mueren. Los huevos incuban, después las larvas caen a la tierra y se quedan ahí por un año o más comiendo las raíces y la materia orgánica. No hay control químico que las extermine. En este estado son aproximadamente 20 veces el tamaño de una mosca y se necesitaría una gran cantidad de insecticida para exterminarlas porque tienen una cubierta exterior muy dura, y si fumiga el árbol, el líquido se evapora rápidamente.

Las avispas

Las avispas son las enemigas de las cigarras. La avispa ataca a la cigarra cuando vuela alrededor y lleva su presa a su hoyo en la tierra para alimentar a las avispas jóvenes. Éstos son insectos beneficiosos, pero debe evitar su picadura. Ellas atacan otra serie de insectos como los pulgones y las arañitas. No confunda la muerte de las ramitas jóvenes de sus árboles causada por las cigarras con la misma situación causada por el sufrimiento del calor y la sequía que hay en junio. Observe cómo está la humedad en la tierra de su jardín; investigue hasta qué profundidad hay humedad en la tierra. La solución no es regar superficialmente. Riegue de tal manera que el agua llegue a las raíces profundas. De esta forma el agua no se evapora. Cubra la superficie con paja para protegerla del sol fuerte y el aire seco y evitar que las malezas salgan.

Junio
en su jardín

La cosecha del maíz y la berenjena

¿Cómo se sabe que el fruto de estas plantas está listo para la cosecha? Hay la tendencia de dejar la berenjena con la idea de que se desarrolle para obtener una fruta como la que venden en los mercados; el secreto es vigilar el brillo de la fruta y no su tamaño. A medida que se pierde el brillo, la fruta madura, las semillas adentro se endurecen y la pulpa de la fruta se vuelve como goma. En el desierto las que dan frutas pequeñas, como las variedades japonesas, son las mejores y más apropiadas.

Para estar seguro que va a tener una buena cosecha de maíz, haga inspecciones diarias a sus plantas tan pronto como los pistilos (sedas o vellos) adoptan un color café y se secan. Abra un poco las hojas que cubren la mazorca y observe los granos. Si éstos están húmedos y gordos, la mazorca está lista para arrancarla de la planta. Si los granos están flacos, envuelva la mazorca y sujétela con una liga; vuelva a inspeccionar la planta en dos días. Recuerde que el maíz madura muy rápido en junio, especialmente si lo ha regado bien. Si los granos están gordos y duros y no puede con sus uñas hacer impresión en ellos, usted ha perdido su maíz. Hoy existen variedades muy dulces y se pueden usar aunque no estén en su forma óptima. Los granos de algunas variedades no necesitan ser cocinados. Raspe la mazorca y coma los granos crudos. No pierda agua regando las plantas de maíz que ya dieron su fruto; arránquelas.

Plante ahora los camotes; a éstos les gusta el calor y el sol. Es posible que no los encuentre en los lugares comerciales que venden plantas y los tiene que buscar en los catálogos.

Abajo Izquierda: Las variedades de maíz dulce con hojas largas que cubren la mazorca impiden que los gusanos penetren y destruyan la mazorca.

Abajo Derecha: Las mazorcas con el externo abierto invitan a los insectos a depositar sus huevos. Cuando los huevos se convierten en larvas, éstas se alimentan de los granos de la mazorca y también encuentran protección de los pájaros.

❖

Julio

El mes de julio es un mes de "falsas alarmas". Hay truenos y descargas eléctricas y poca lluvia. Las plantas, al igual que los humanos, sufren durante este tiempo; inclusive, los ocotillos y los palos verdes pierden las hojas hasta que la lluvia llega. Además las plantas sufren de la pudrición texana (*Texas root rot*). Es durante un verano lluvioso que este hongo mata nuestros árboles. Un árbol afectado por la pudrición texana rápidamente se entristece, las hojas se quedan en el árbol y se vuelven de color café; es posible que sólo se afecte un lado del árbol.

Es fácil cometer errores de diagnóstico cuando nuestras plantas son afectadas durante esta época del año. El primer síntoma son las hojas "tristes" y que no se caen, pero puede que sea debido a varias causas: exceso de fertilizante, uso de herbicidas, drenaje deficiente, moscas en las ramas, daño causado por la cigarra o tierra muy seca.

Mientras se espera la lluvia, use la manguera, pero recuerde mantener la manguera en la sombra. Cuélguela, y no deje que haga nudos. No controle la cantidad de agua de la manguera doblándola pues va a dañarla. Tenga cuidado de no usar mucha agua cuando hay mucho calor. Usted puede sentir el calor de la planta cuando toca las hojas; después de una irrigación las hojas se enfrían.

Si se ha usado mucha agua, las raíces se ahogan y las hojas sufren y se caen, entonces las plantas pierden el nitrógeno y el hierro y se vuelven anémicas. La solución es simple: disminuya la cantidad de agua.

Es fantástico observar cómo un zacate revive después que le ha caído lluvia. Cuando la lluvia del verano comienza, reduzca la irrigación para ahorrar agua y evitar enfermedades de hongos. Debe cortar el zacate más a menudo para evitar que crezca demasiado y favorezca el desarrollo del hongo.

Una buena cantidad de agua de lluvia desarrolla una gran cantidad de energía de crecimiento. No se precipite a fertilizar si el zacate está verde; el zacate le está diciendo que no necesita nitrógeno. Se recomienda regar el zacate temprano en la mañana.

No trabaje mucho en julio, no es el mejor mes para plantar; es un tiempo para vigilar y hacer el mantenimiento en sus plantas. Si usted usa herbicidas para matar la malezas, aplíquelos antes que lleguen las lluvias. El éxito de usar los herbicidas se basa en usarlos cuando las semillas están "dormidas" antes que se hinchen con la humedad y empiecen a germinar; este tratamiento es el llamado "pre-emergente".

Durante este mes el aire es muy seco y el calor intenso. Los árboles han sufrido. No obstante la irrigación, las frutas se ponen duras con la fuerte luz solar; se ponen como un corcho y pierden su elasticidad. Pero al llegar las lluvias, de pronto el árbol recoge gran cantidad de humedad y la mayoría de esta humedad va a las frutas jóvenes. La cáscara de la fruta se expande, el interior se hincha y la fruta se abre y no hay nada que pueda hacerse para prevenirlo. Elimine la fruta dañada, pues si la deja va a atraer moscas y otros insectos.

Durante esta época espere ver muchas frutas abiertas en los árboles cítricos y el granado. Cuando esto sucede, no se puede hacer mucho, excepto eliminar las frutas dañadas antes que atraigan insectos. Este problema es causado por el calor del verano y los fuertes rayos solares que endurecen la cáscara, la cual no se estira a medida que va creciendo la fruta.

También es tiempo de cortar las ramas lastimadas por las tormentas; al cortarlas debe hacerlo lo más cercano posible del tronco principal del árbol. Las tormentas afectan más a los árboles pequeños; los desfigura; entonces tiene que hacer algo para corregir la situación. Primero moje bien la tierra en la base del árbol hasta saturar el suelo. Con mucho cuidado pero firmemente, aunque lo haga en varios días, empuje el árbol a su posición normal; a veces no puede hacerlo manualmente y necesita un soporte, siempre protegiendo el tronco con una tela para no dañarlo; del otro lado amarre el árbol a una estaca bien estable para que no se dañe la estructura del árbol.

El escarabajo del palo verde mexicano puede causar que el árbol se caiga durante una tormenta. En muy raras ocasiones podemos ver el gusano que vive en la tierra por 2 o 3 años, comiéndose las raíces del árbol. Durante el mes de julio podemos ver el escarabajo de color café, de aproximadamente tres pulgadas de largo. El gusano es mayor que el dedo meñique; la primera evidencia de su daño es cuando se nota que las ramas cambian de color.

En resumen:

- ❖ Vigile las lluvias y las temperaturas sobre 100° F.
- ❖ Controle la invasión de insectos.
- ❖ Repare los daños causados por las tormentas.
- ❖ Fertilice con sulfato de amonio en pequeñas cantidades.

Las lluvias del verano

El mes de julio nos hace desesperar por la llegada de las lluvias, la temperatura puede llegar a 106° F o más, fuertes vientos afectan los árboles, rompiéndoles algunas ramas y pueden derribar algunos. La mejor hora para trabajar en el jardín es temprano en la mañana, pero hay que inspeccionarlo a la caída de la tarde cuando las plantas muestran el daño causado por el calor. Regar temprano es bueno, pues de esta forma se prepara la tierra para cuando el calor es fuerte más tarde. Si esperamos regar tarde en el día, después que las plantas han sufrido del calor, no vamos a darle la frescura que necesitan. Con los árboles es diferente, pues cuando les damos un buen riego profundo es para que dure por lo menos una semana.

Vigile a los pájaros y cuando los vea revoloteando durante las horas calientes del día, es que están tratando de picar las uvas, los tomates, etc. Cubra y proteja sus plantas para evitar que ellos ataquen las frutas; use envolturas de papel para proteger las frutas y cubra los árboles frutales con tela blanca. La tela protege las frutas y evita la acción destructora de los pájaros.

La cosecha de las frutas

Beauty seedless y Perlette son las variedades de parra que primero van a estar listas para ser cosechadas. Las manzanas Anna y Ein Sheimer estarán listas en este mes también. No deje las manzanas Anna en el árbol para que crezcan; úselas ahora mientras están rosadas y antes que se pongan amarillentas. Las frutas de la variedad Ein Sheimer son más pequeñas, más verdes y mejores para hacer pastel de manzana. Un sol fuerte actuando sobre una fruta madura acelera su madurez, al punto que las frutas se deterioran. Siempre es beneficioso recoger las que han caído en el suelo, pues su aroma atrae a los pájaros e insectos. Esté alerta con la parra y observe si las hojas muestran el efecto de esqueleto en los tejidos que dejan las mariposas nocturnas en las hojas; parece que ellas se van, pero vuelven a continuar la destrucción. El pequeño saltón es un insecto que ataca las hojas durante todo el verano. Siempre hay un gran número de ellos, raspando las hojas y haciendo que éstas se vuelvan de color café hasta que se caen. Un rociado semanalmente con *diazinon* protegerá la parra de estos insectos.

Cuándo regar

No importa que llueva, debe regar sus plantas, pues las lluvias del verano son inesperadas. Hay muchas nubes, la humedad aumenta, la oscuridad del cielo es tremenda, hay descargas eléctricas, el viento aumenta, pero a lo mejor no cae ni una gota de agua. Pero si llueve hay que ver a qué profundidad llegó el agua en el suelo con el medidor de humedad.

El daño de las tormentas

Las tormentas del verano pueden ocasionar daños a su jardín. Los árboles frutales perennes y caducifolios sufren el ataque de fuertes vientos y lluvia, los cuales rompen ramas y tumban árboles recién plantados. Las palmas por lo general atraen las descargas eléctricas, que las pueden matar. Si esto pasa no hay otra cosa que hacer que cortarlas y removerlas. Las ramas de los árboles frutales deben ser cortadas; no es práctico el tratar de salvar una rama afectada y partida por una tormenta. Si además fertilizó y regó liberalmente estas nuevas ramas van a dar frutos el próximo año y el árbol se pondrá frondoso y no dejará que el viento lo moleste. Los árboles que tienen raíces pobres y mal desarrolladas son candidatos a que el viento los destruya. Antes que lleguen las tormentas del verano, libere su árbol del exceso de ramas.

Si hay mucha humedad, usted va a encontrar hongos en la tierra de su jardín y en su zacate. Ellos no atacan sus plantas, pero si no le gusta verlos, arránquelos.

La sombra

Se supone que este mes sea lluvioso, pero a veces no lo es y en los intervalos de tiempo que no llueve, el sol fuerte daña las frutas y las plantas. Protéjalas con tela blanca. Fabrique una estructura para soportar la tela sin que toque las plantas. Amarrando la tela a la estructura previene que no se vuele con el viento. Las manzanas, los

duraznos y los higos no son fáciles de proteger de los fuertes vientos y la fuerte luz solar. Cuando seleccione los árboles frutales y las hortalizas para su jardín, fíjese si estas plantas tienen la habilidad de darles sombra a sus frutos.

La quemadura del sol

La quemadura de las hojas de los árboles y otras plantas durante el verano es muy común, por eso no debemos plantar en el lado oeste de nuestro terreno. No deje que sus plantas se pongan calientes; no espere que la planta se ponga triste y se marchite. Las plantas son como los humanos, ellas se enfrían transpirando.

La fertilización en el verano

Debido al calor, al sol fuerte y a la sequedad de la tierra, en esta época regamos bastante. Con el agua que le ponemos a la tierra se utiliza el fertilizante que pusimos antes que llegara el verano. Fertilizar en el verano es una buena práctica, pues si no lo hacemos veremos que las plantas muestran deficiencias de nutrientes. Use pequeñas cantidades cada dos o tres semanas, usando sulfato de amonio a razón de una libra por cada 100 pies cuadrados de tierra.

La cosecha

Muchos que empiezan a trabajar en los jardines se preguntan cuándo es el momento de recoger la cosecha. Hay una regla general para esto: No se apure en recogerla; contra más tiempo la fruta permanece en la planta, es más dulce. Recoja la berenjena antes que pierda su brillo, no importa el tamaño; recoja la calabaza de verano uno o dos días después que las flores se marchiten. Los melones amarillos deben tener las venas claramente marcadas en la cáscara y la fruta cambia de color de verde a dorada cuando está lista. La fruta se cae de la planta por sí sola. La sandía es otra fruta que hay que observar antes de quitarla de la planta. Ponga una tabla debajo de la fruta para que no se ensucie de lodo; la parte que queda en contacto con la tabla se pondrá blancuzca y plana. No crea que la fruta está lista aunque esté grande y luzca buena. No la arranque, pues el tamaño no es indicación de que la fruta está madura.

Las plantas de melones tienen tallitos a todo lo largo de la planta y usted las puede usar como indicador de que la fruta está madura. Usted verá que donde la fruta está en contacto con la planta encontrará un tallito seco y de color café. Observe hacia donde están las raíces y si encuentra más tallitos secos, oscuros y rizados, esto indica que el melón está maduro. Si se cala el melón para ver si está maduro, debe poner el pedacito que sacó otra vez en la fruta. Cuando cale el melón, mire debajo de la cáscara y no la parte roja de la fruta. Si la parte debajo de la cáscara está dura y se extiende como un pulgada, tiene que esperar porque el melón no está maduro. Cuando esta parte dura sólo es de 1/4 de pulgada, el melón está casi listo para comerse.

El escarabajo del palo verde

Este escarabajo aparece en la noche. Es de unas tres pulgadas de largo, brilloso y oscuro, con antenas o tentáculos muy prominentes, y de vuelo torpe. Es atraído por las luces del patio, de la calle o de cualquier casa. En algunos años salen muchos y en otros son raros. Cuando están metidos en la tierra se alimentan de las raíces de los árboles, no sólo del palo verde; también atacan a los laureles, los duraznos, las ciruelas y la morera. Con las tormentas y lluvias de este mes, estos escarabajos salen de la tierra dejando un hoyo del grosor de un palo de escoba; empiezan a volar por una o dos semanas, encuentran su compañero, ponen los huevos y regresan a la tierra, a veces al mismo hoyo que usaron para salir y después se mueren. Los huevos se incuban y se forma la larva, la cual cae en la tierra húmeda hasta que encuentran una raíz que le pueda servir de alimento. Estos escarabajos pasan la mayor parte de sus vidas como larvas, alimentándose de material descompuesto.

Un árbol de raíces cortas empieza a ponerse seco y las hojas se le empiezan a caer; los extremos de las ramas se secan y se mueren. Es muy difícil escarbar la tierra y buscar las larvas, por lo que tiene que esperar las lluvias del verano para ver si aparecen los agujeros en la tierra debajo y alrededor de los árboles. También aparecen unos hoyos más pequeños que son de la cigarra que sale de la misma forma que los escarabajos. Para controlar las larvas, riegue bien y profundo. Cuando haya regado bien y mojado hasta unas 18 pulgadas, use los gránulos de *diazinon* poniéndolos en la tierra que mojó y también aplique sulfato de amonio a razón de dos libras por cada 100 pies cuadrados de tierra. Continúe regando para que estos productos químicos entren en contacto con las larvas. También puede usar el *diazinon* líquido, diluido de acuerdo con las instrucciones del producto.

Lo mejor es plantar árboles frutales que maduren antes de julio. Cubra sus árboles con una tela o sábana y rocíe los escarabajos con *diazinon* o Malathion 50® (una cucharadita en un galón de agua) cuando los insectos vuelan contra la tela o sábana. Estos insectos son de vuelo lento y hacen un gran zumbido cuando se van.

Los insectos saltadores

Este saltador es otro de los insectos que aparecen este mes. Éstos chupan el jugo de las plantas y además introducen bacterias en las frutas cuando rompen la cáscara. Para controlar estos insectos siga las instrucciones descritas arriba para los escarabajos. Estos insectos atacan las plantas de tomate, durazno, uva y granada. No permita que las frutas que se pudren dejen el olor que atrae a los saltadores.

Debido al calor intenso de este mes, las plantas de pepino sufren aunque estén en la sombra, y si siguen produciendo, los frutos serán muy amargos. El mejor pepino para plantar en la zona del desierto es la variedad Armenian, que da un fruto grande; pero no es bueno dejar que se desarrollen mucho, lo cual produce una cáscara muy gruesa.

La pudrición texana *(Texas root rot)*

En esta parte del año una combinación de factores hacen que este problema se presente. La combinación de las temperaturas muy calientes y las lluvias fuertes mantienen la tierra mojada por mucho tiempo, de esta forma las plantas son más susceptibles a la infección causada por la pudrición texana. Si la lluvia continúa, cambie el plan de su riego automático y riegue con la manguera cuando sea necesario si ve que la tierra está seca. ¿Cómo se resuelve este problema? Primero, corte todas las ramas que tienen hojas que han perdido su frescura o están marchitándose; no importa que su planta quede reducida a sólo algunas ramas. Segundo, aplique aproximadamente dos pulgadas de abono en la tierra alrededor y hasta donde la planta se extienda. Póngale sulfato de amonio y azufre a razón de una libra por cada diez pies cuadrados. Remueva y mezcle bien todos los materiales con la tierra cuidando de no dañar las raíces y dele un buen riego para que el agua lleve estos fertilizantes hasta las raíces de la planta. Espere diez días y vuelva a regar otra vez. Este tratamiento le da nutrición a la planta que producirá nuevas raíces. El azufre hace la tierra menos alcalina y esto hace que el hongo pierda su fuerza y vitalidad, pues él vive y se desarrolla en tierra alcalina; además el sulfato de amonio también tiene acción ácida. No exagere el uso de estos fertilizantes porque puede perder su planta. Se recomienda aplicar este tratamiento cada año, aunque es caro y trabajoso. No olvide regar después de aplicar los fertilizantes de sulfato de amonio y azufre.

La esterilización del terreno

Las temperaturas altas nos dan la oportunidad de esterilizar la tierra de nuestros jardines. Primero, saque todas las plantas que han muerto y las malezas. Moje la tierra bien hasta una profundidad de 18 pulgadas. Cubra la tierra por un mes con un plástico claro y deje que el sol cocine la tierra; no use su jardín para hacer ninguna siembra. Después del mes, mezcle la tierra y riegue otra vez hasta una profundidad de 18 pulgadas, y deje que la tierra siga descansando y esterilizándose por otro mes. Puede sembrar cuando quite el plástico.

Julio
en su jardín

El verano nos da la oportunidad de esterilizar la tierra usando la energía solar. Los hongos y las bacterias pueden ser eliminados por el calor solar bajo un plástico claro. Primero se moja la tierra y después se cubre con el plástico por un mes. Después de este período remueva el plástico y cultive la tierra para mezclarla, mójela otra vez y cúbrala con el plástico por otro mes.

Julio
en su jardín

_____
_____
_____
_____
_____
_____
_____
_____
_____
_____
_____
_____
_____
_____
_____
_____
_____
_____
_____
_____
_____
_____
_____
_____
_____
_____
_____
_____
_____

Los tomates

Los tomates no reaccionan bien durante el verano y ahora es el tiempo de cortarlos, excepto los del tipo cereza. Corte aproximadamente la mitad de la planta; las nuevas ramitas producirán flores y darán frutas en cuanto refresque en septiembre y continuarán hasta que llegue la primera helada de noviembre.

A mediados de julio siembre tomates. Estos germinarán rápidamente y usted tendrá plantas que estarán listas para trasplantar en cinco semanas. Use un fertilizante recomendado para plantas de interior en el agua que usa para regar; esto estimulará su crecimiento. Debido a que los días son calientes y las noches son frescas, las nuevas plantas de tomate crecen y se desarrollan muy bien. Ellas empezarán a producir flores en septiembre y darán buenos frutos hasta que llegue el frío de noviembre y diciembre.

La cosecha de las últimas hortalizas que se sembraron este mes, como la calabaza, el maíz y los frijoles pueden ser recogidas antes que lleguen las temperaturas frías de noviembre. Es riesgoso plantar ahora melones rojos o melones amarillos. El maíz crece muy bien en los días calurosos de julio y agosto, pero tendremos que esperar a las noches frescas de octubre para estar seguros que el polen de las plantas no muera. Siembre maíz ahora, vuelva a sembrar otras semillas en tres semanas y otra vez en otras tres semanas, de manera que usted tendrá una buena cosecha hasta el Día de Dar Gracias y, con buena suerte, hasta la Navidad. Recuerde sembrar en áreas cuadradas o rectangulares en vez de en línea recta. El polen no debe volarse con el viento y perderse.

Agosto

Las características de este mes son la continuación del mes anterior con el agravante que es más caluroso y húmedo y la población de insectos se multiplica. Las tormentas son más violentas y muy inciertas y van a desatar su fuerza con el aumento de la humedad. En esta época es cuando alguien viene a la puerta de su casa ofreciéndose para podar árboles, no lo deje; lo mejor es no podar sino despejar el árbol de algunas ramas para dejar que el aire cruce a través de él. Si un árbol recibe una descarga eléctrica, usualmente muere. Seguramente hay que llamar a profesionales para removerlo.

Durante el verano húmedo, hay el peligro de que las palmas se enfermen con un hongo que ataca la parte superior o zona de crecimiento. Recuerde que la palma tiene solamente un sólo vástago o yema. Si éste es destruido, la palma muere. El tratamiento preventivo para estos casos es tratar la zona de crecimiento con la solución de cobre conocida como Bordeaux antes que las lluvias comiencen. El pino Aleppo a veces tiene secciones donde las hojas en las ramas exteriores mueren en el verano y los expertos no encuentran la causa. Algunos dicen que es el calor, otros dicen que es la falta de agua, por lo cual durante el verano caliente, húmedo y lluvioso, deben regarse bien los árboles y medirse a qué profundidad ha llegado el agua.

Otro problema del verano es un insecto muy pequeño que no se ve, pero sí se ve el daño que causa. El nuevo crecimiento al final de las ramas se deforma. El árbol necesita un tratamiento que mate esta arañita; el tratamiento contiene nicotina y hay que usarlo con mucho cuidado. Hay un parásito (nematodo) que ataca los pinos y contamina otros árboles. Se sabe que viene de las áreas urbanas o por contaminación de otros árboles cuando se usan tijeras y otras herramientas sucias e infectadas. La infección puede poner un pino u otro árbol completamente de color café. El pino o el árbol se muere en un período de dos meses. Si tiene un pino o un árbol con esta enfermedad, debe arrancarlo y removerlo de su sitio. Asegúrese de limpiar bien las herramientas que usó. La mejor manera de desinfectar sus herramientas es sumergirlas en una solución de cloro al 10 por ciento.

Las rosas descansan este mes; no las fertilice y no las mantenga muy mojadas. Recuerde que el peor lugar para plantar rosales es el oeste de la casa, pero si las tiene en esa dirección protéjalas de las radiaciones solares. Los lirios también descansan en este mes. Estas plantas son muy afectadas por los vientos fuertes; aparentemente se mueren, pero no se preocupe, sólo están descansando.

La mayoría de los geranios se acaban en el verano, pero si algunos sobreviven, tenga paciencia hasta que termine la temporada caliente. Hay tendencia de seguir regándolos, pero esto es inútil e impráctico. Las hojas se caen y quedan sólo los tallos; no se preocupe porque las hojas vuelven a salir. Corte los tallos a la mitad al final de este mes y entiérrelos en una mezcla de perlita, vermiculita, arena y *peat moss* sin usar fertilizantes para propagar nuevas plantas. Cambie el sistema de cortar el zacate. En vez de cortarlo a intervalos de tres días, extienda el intervalo a cinco días y no lo corte muy próximo a la tierra, pues se necesita proteger las raíces del sol fuerte. Puede que llueva bien y suficiente, en cuyo caso puede suprimir el riego, pero si las lluvias son erráticas, tendrá que seguir regando. Si hay mucha lluvia el agua arrastrará el nitrógeno y tendrá que fertilizar sus plantas para reemplazar su pérdida. Lo mejor es usar sulfato de amonio como fertilizante.

En resumen:

- ❖ Si sale de vacaciones, haga el plan de quién va a ocuparse del jardín.
- ❖ Revise los catálogos para ordenar las semillas de hortalizas.
- ❖ Cubra sus hortalizas para protegerlas del calor.
- ❖ Arranque las malezas ahora que la tierra está húmeda.
- ❖ Prepare el jardín usando materia orgánica, fosfato de amonio y azufre, mezclándolos con tierra.

Los jardines en este mes lucen bastante mal. Las plantas en las macetas se marchitan y requieren agua dos veces al día. Si se va de vacaciones, tendrá que preparar todo para el tiempo que se va a estar fuera. Con irrigación automática pueden suceder muchas cosas: una rotura en el sistema del riego, fuertes vientos que pueden romper ramas de los árboles, malezas que crecen mucho o insectos y algunos animales que destruyen las plantas abandonadas. Estos problemas tienen solución. Lo más práctico es tener a alguien que cuide su jardín durante su ausencia.

Los escarabajos de las frutas

Los duraznos, las manzanas, las uvas y los higos se maduran mucho con la humedad que ahora es muy alta; algunos se pudren, y el olor atrae a los escarabajos. Estos vienen en grupos y atacan las frutas volviéndolas agrias. Recoja todas las frutas dañadas y elimínelas. Cubra los árboles para que los escarabajos no se metan en ellos. Rocíe con Malathion 50® o con *diazinon*. Hay una forma fácil y práctica para hacer una trampa para los insectos. Use un recipiente de plástico de un galón y con unas tijeras corte un pedazo, haciendo una abertura. Coloque una tela metálica de las que se utilizan en las ventanas y amárrela bien en la abertura que hizo en el recipiente. Ponga un pedazo de una fruta podrida dentro del recipiente de plástico y espere. Los insectos y escarabajos atraídos por el olor se meten en el depósito y no pueden salir. Limpie el recipiente y repita la operación.

Cómo podar sus plantas de tomate

Si no ha podado sus plantas de tomate, debe hacerlo ahora, pues si espera las plantas no tendrán tiempo para empezar su nuevo crecimiento. Esto puede afectar la producción de flores cuando la temperatura refresque en septiembre y octubre. Córtelas dejando aproximadamente un tercio de la planta con ramas cortas y que cada una tenga ramitas laterales. Observe las plantas de tomates de tipo cereza y separe las ramas y póngalas sobre la tierra, del centro de la planta hacia afuera. Si las ramas han perdido sus hojas, haga pequeños surcos y ponga las ramas extendidas en los surcos. Cúbralas con tierra, pero deje el extremo de las ramitas con algunas hojas verdes fuera en contacto con la luz solar. Riéguelas con el fertilizante Miracle-Gro® en forma alterna, una vez con agua sin fertilizante y la siguiente vez con fertilizante; de esta forma la planta empezará a desarrollar nuevas raíces.

Cuando pode las plantas, conserve ramas de seis pulgadas de largo para propagar nuevas plantas. Utilice la hormona RooTone® para ayudar en la producción de nuevas raíces. Esta hormona se compra en forma de polvo y se aplica en el extremo de la planta que estará en contacto con el suelo. Use cualquier mezcla de tierra para sembrar, pero mézclela bien y póngala en un vasito de papel, después plante el pequeño tallo dentro del vasito de papel. Ponga el vasito con la planta donde no le dé el sol directamente durante el día y verá que en dos semanas más o menos, el pedazo de planta que cortó ha desarrollado raíces y estará listo para ser trasplantado al principio de septiembre.

El agua se evapora muy rápidamente en el verano. Una capa gruesa de paja o cualquier abono orgánico reduce la evaporación y evita que los rayos solares calienten el suelo y quemen las raíces.

El tiempo de ordenar las hortalizas del invierno

Revise los catálogos, no olvide las variedades de hortalizas orientales incluyendo el bróculi, col y rábano. Estas variedades son fáciles de cultivar.

El daño de las cigarras

Empiezan a aparecer las cigarras; hay ramas marchitas y hojas de color café que atraen su atención. Cuando vemos estas ramas secas y hojas de color oscuro durante el verano, pensamos que tenemos la pudrición texana, que sí es una posibilidad. Pero cuando observamos detenidamente las hojas y encontramos numerosas marcas muy cerca una de otra, nos damos cuenta que el daño es físico y a veces encontramos unas pequeñas larvas blancas en las puntas de las ramas. Estas larvas son malas noticias, pero no tan malas como si fuera la pudrición texana. Aunque el daño no es muy grave, esto indica que la nueva generación de cigarras ya está metiéndose en la tierra de sus plantas.

Cómo reducir la evaporación

No rocíe el follaje de sus plantas para reducir el calor pues las gotas de agua causan manchas y si el agua es rica en sales, el agua va a dañar las hojas. Si en este mes no llueve, hay que regar y ayudar a la planta. Cubra la base con una cubierta de paja y estiércol para abrigar las raíces. Esto es fácil de hacer. Puede comprar una paca de paja y distribuirla alrededor del tallo en la base del árbol. Se recomienda que la paja tenga un grosor de tres o cuatro pulgadas; no apriete o compacte la paja contra la tierra.

El uso del agua de la alberca

Se puede usar el agua de la alberca, pero debe ser analizada para saber el total de sales que contiene, que no debe ser más de 800 partes por millón. Se puede usar en el zacate de Bermuda, con los árboles de eucalipto y otras plantas del desierto. Recuerde que si se usan productos químicos líquidos para clorinar el agua, es casi seguro que el agua también contiene sodio y este tipo de agua no debe ser usada para regar las plantas.

Cuándo regar

Después que cosechó las manzanas, los duraznos y las uvas, se puede reducir el riego a estos árboles. Después de dar las frutas, estos árboles continúan creciendo y necesitan agua. No confíe que la lluvia va a darle el agua que necesitan. Use el medidor de humedad para saber hasta donde ha llegado el agua. Los que estudian el cultivo de las parras aseguran que una aplicación de nitrógeno después que han dado las frutas asegura que la nutrición de las plantas sea apropiada. Ésta es la técnica que usan en California ya que se considera que la aplicación de nitrógeno en febrero no le dio tiempo al nutriente de alcanzar las ramas en crecimiento. La próxima vez que riegue durante este mes, detenga el riego a la mitad del tiempo que regularmente usa y aplique sulfato de amonio a razón de dos libras por cada cien pies cuadrados y después continúe el riego hasta que pruebe que el agua ha llegado a tres pies de profundidad. Esto lo puede hacer con todos los árboles frutales y las parras.

Los árboles frutales necesitan más agua en este tiempo. Estas plantas se beneficiarán si la base se agranda y si el agua penetra por lo menos tres pies en el perfil del suelo. Este método favorece el crecimiento de las raíces, ayudando a eliminar las sales del suelo.

Las malezas

Aunque no llueva mucho, las malezas se van a reproducir y crecer notablemente. La humedad alta las ayuda y si las deja, verá su jardín invadido de malezas. Arránquelas cuando la tierra está mojada antes que empiecen a dar semillas. No espere que la tierra se seque, pues es muy difícil sacarlas. Si usa los productos químicos conocidos como esterilizantes de la tierra, piense que van a actuar por unos 10 años y dañarán todo lo que se encuentre en el área donde los usó, inclusive pueden afectar las raíces de las plantas de su vecino. Lo mejor es no usar estos esterilizantes de tierra, pues si los usa tendrá problemas con su tierra para cultivar plantas, arbustos y árboles. Si las malezas que ha sacado han producido semillas, no se deben dejar sobre la tierra para que se sequen.

Para evitar que la fruta se abra

Las lluvias de este mes tienen otro resultado inconveniente. Las frutas maduras se abren. La cáscara de la fruta no se estira cuando la parte interior se hincha. También esto le pasa a las frutas cítricas y a los tomates. Cuando esto pase, lo mejor es eliminar las frutas para evitar atraer insectos. Una forma de evitar que las frutas se abran es regar las plantas muy bien cuando empieza el verano, pues la poca agua, el sol caliente, y el aire seco del desierto hacen que la cáscara de la fruta se endurezca y se abra. Las naranjas *navel* también tienen este problema.

El nuevo crecimiento de los árboles cítricos

La lluvia hace que los cítricos florezcan, pero generalmente las flores se caen y no producen frutas. Esto pasa más en los árboles recién plantados. En los árboles más maduros, estas flores dan frutas que podremos cosechar seis meses más tarde. Las nuevas hojas y ramitas salen al mismo tiempo que las flores y continúan creciendo si la lluvia es suficiente y frecuente. Si no hay mucha lluvia, hay que regar para evitar que estas hojas y tallitos nuevos se sequen y no se desarrollen.

Los insectos

Si el mes de julio fue seco y la lluvia empezó en este mes, espere tener problemas con los insectos. Una tierra húmeda estimula los insectos que atacan las hojas de las parras y la calabaza. Primero verá los insectos adultos volando alrededor de sus plantas buscando donde poner los huevos. Cuando esto sucede busque donde están depositados y destrúyalos usando sus dedos y de esta forma no tiene que usar productos químicos para controlar el ataque de estos insectos.

Las calabazas y los pepinos

El principio de este mes da la oportunidad de sembrar calabazas. También puede sembrar pepinos, pero recuerde que las hojas son

Agosto
en su jardín

como papel fino y necesitan ser protegidas de los vientos fuertes del final de septiembre y del sol brillante de la tarde. Siembre al fin del mes y póngales un soporte que permita a la planta crecer hasta dos metros de altura. Cuando las noches de octubre empiecen a refrescar y la primera helada en noviembre aparezca, las plantas se morirán.

Los ejotes chinos

Los ejotes producen constantemente. Recoja algunos cada día y la planta continuará produciendo más. No deje que se maduren en la planta, pues las vainas se abren y las semillas caen a la tierra. La producción de ejotes seguirá hasta que aparezca la primera helada de noviembre.

El nogal

En este mes, las frutas que se están desarrollando necesitan mucha agua para que maduren y aumenten de tamaño. Muchas de las nueces que no se desarrollan se caen del árbol. Es posible que esto se deba a que las flores no fueron polinizadas adecuadamente o fueron dañadas por insectos. También es posible que el árbol tenga deficiencia de zinc o que el árbol esté cargado de muchas frutas durante este mes. Si las nueces están oscuras y arrugadas o acorchadas, aplique un rociado de sulfato de zinc en las hojas nuevas.

La falta de agua hace que las nueces se caigan del árbol, pues el agua de lluvia no penetró lo suficiente en el perfil del suelo. Si se recogen las nueces y las abre, verá que no están completamente formadas. Si las nueces tienen una mancha negruzca, es debido a la infestación por los saltadores que atacaron la fruta cuando estaba blanda. Este insecto al atacar la fruta y abrirla permite que las bacterias entren y la pudran. Si hay muchas nueces en el suelo alrededor del árbol esto es un aviso que el árbol necesita agua.

Cómo prepararse para el otoño y el invierno

A veces, este mes presenta condiciones muy adversas para las hortalizas de verano. Las plantas de calabaza pueden ser dañadas por el escarabajo, y las plantas de tomate se marchitan por el calor ardiente. Pero este mes también es el principio de otra estación del año. Se presenta ahora el trabajo de limpiar el jardín, preparar la tierra para las siembras, llenar vasos de estirolita con la mezcla del suelo para poner semillas, sembrar directamente en la tierra y preparar las plantas para que nos den flores y adornen nuestro jardín.

El otoño y el invierno nos traen la oportunidad de tener un buen jardín. Después de limpiar el jardín y sacar las malezas que han salido, hay que preparar la tierra usando materia orgánica, fosfato de amonio y azufre, mezclando todo con la tierra. Busque en las tiendas algunas plantas de tomate; no hay tiempo de sembrar chiles o berenjenas para que den frutos antes de la primera helada. Puede sembrar maíz dulce, ejotes y cualquier otro vegetal de invierno, pero no siembre lechuga

Siempre mantenga un registro de lo que siembra, marcando los nombres de las plantas y las fechas de siembra correspondientes.

Agosto
en su jardín

porque va a producir plantas con un sabor amargo; se pueden preparar los vasos de estirolita con la mezcla de tierra y dos semillas en cada uno. Puede sembrar lechuga, col, coliflor, y bróculi que producirán plantas que se pueden trasplantar en seis o siete semanas. No olvide las hortalizas orientales que dan un buen sabor a las comidas y que son fáciles de cultivar. El otoño es una estación corta, por lo tanto, es importante seleccionar variedades que crezcan rápido. Puede sembrar durante todo el mes de septiembre y obtendrá los frutos de su trabajo en diciembre y enero, no obstante que el tiempo esté muy frío. En este mes la tierra está lo suficientemente caliente para que las semillas germinen rápidamente. Hay la tentación de poner las semillas directamente en la tierra en lugar de usar los vasos de estirolita y después trasplantarlas. Aunque involucre un poco de más trabajo, se recomienda el método del trasplante en lugar de la siembra directa. Las hormigas empiezan a estar muy activas y atacan las plantas, cortando las hojas y llevándoselas a sus cuevas. Puede usar *diazinon* para tratar de controlarlas. Distribuya los gránulos alrededor de la entrada y cuando las hormigas entren en la cueva, se pondrán en contacto con el *diazinon* y se morirán. Si cuando acaba de trabajar con las hortalizas quiere seguir preparándose para el otoño y el invierno, empiece a hacer los hoyos para plantar árboles. Recuerde que el hoyo para un árbol debe ser de tres a cinco veces el diámetro de la maceta y no más profundo que ésta. Cuando haya terminado, agregue agua hasta la mitad del hoyo y observe cómo drena. Si a la mañana siguiente el agua no ha drenado, tiene que seguir excavando.

Septiembre

Este mes está en medio del verano caliente y la temperatura agradable del otoño; las noches comienzan a ser frescas y puede que tengamos lluvia. Las tormentas siempre traen vientos fuertes y si éstos dañan los árboles, hay que repararlos. Una buena tormenta nos trae bastante agua; sin embargo, es posible que las raíces no reciban el agua que necesitan. Las lluvias torrenciales corren por la tierra en lugar de mojarla bien.

Las tormentas lluviosas de este mes junto con frecuentes irrigaciones hacen que las frutas, y principalmente las de los cítricos, se hinchen y se partan; esto pasa con las naranjas y con las mandarinas pero es menos frecuente con las toronjas y los limones. Para evitar que las frutas se infecten, córtelas y recoja las que han caído en la tierra.

Es buena idea fertilizar el zacate del verano ahora. Cada dos semanas aplique una libra de sulfato de amonio por cada 100 pies cuadrados de zacate y riéguelo bien; su zacate se pondrá verde rápidamente. Si su zacate se pone amarillento, es posible que sea por deficiencia de hierro, debido a que seguramente usó mucha agua. Observe la tierra y si está muy mojada, déjela que se seque un poco y su zacate volverá a ponerse verde sin que tenga que hacer nada. Si esto no sucede, habrá necesidad de agregar hierro al aplicar el sulfato de amonio. No deje que el hierro caiga en el cemento, pues dejará una mancha muy difícil de quitar. Las temperaturas moderadamente calientes, la humedad alta y la fertilización hacen crecer rápidamente a su zacate. Mantenga el zacate a dos pulgadas de altura. Continúe la irrigación del zacate Bermuda hasta que entre en descanso.

Tan pronto como las rosas se recuperen del calor del verano y empiecen a enseñar los nuevos retoños es cuando hay que podarlas. Los capullos aparecen aproximadamente 50 días después de cortar los tallos viejos. Recuerde que cuando poda, el crecimiento se estimula, por lo que hay que fertilizar y regar en este momento.

El laurel, la alheña, el fresno y el *Arizona rosewood* son todos candidatos para ser podados temprano en el otoño. Este es un buen mes para arreglar y darle forma a los arbustos. Durante este mes las plantas crecen y se desarrollan, por lo tanto, hay que fertilizarlas usando sulfato de amonio (una libra por cada 100 pies cuadrados). Riegue bien antes y después de fertilizar. Tenga cuidado de no fertilizar tarde ya que si el tiempo frío se adelanta, esto puede dañar el crecimiento de las plantas.

También es una buena época para plantar árboles, inclusive los cítricos, y otras plantas como las palmas, los agaves, y los cactus, pero es muy temprano para plantar flores; es mejor esperar hasta octubre. Los geranios pueden ser revividos de la temporada de calor en cuanto el tiempo se pone fresco. Si no se han destruido, córtelos bien para que produzcan tallos, hojas y flores. Los lirios tienen en este mes una oportunidad para desarrollarse. Saque los que tenía del año anterior,

Generalmente las plagas reaparecen cuando la temperatura baja en el otoño. Este nopal no está enfermo, pero ha sido invadido por el insecto conocido como cochinilla. Este insecto es protegido por una capa de cera, la cual repele a los insecticidas. El mejor método de control consiste en aplicar un chorro fuerte de agua que destruye la protección y elimina la cochinilla. Si usted aprieta estos insectos verá que contienen un líquido de un rojo intenso que puede usarse como tinta o colorante.

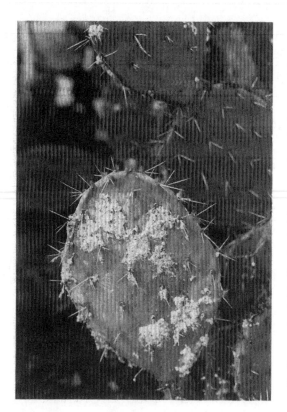

divídalos en pequeños pedazos asegurándose que no estén infectados. Corte las hojas hasta dejarlas de seis pulgadas de largo y elimine las partes dañadas. Si tiene la sospecha que hay infección, lave las raíces en una solución fungicida antes de volverlas a plantar. Plante las raíces muy superficialmente cubriéndolas solamente con un poco de tierra y no mantenga la planta muy mojada. Evite plantarlos en el mismo lugar que el año anterior.

El gorgojo del agave ahora vuelve a estar activo con el clima fresco. Aplique una solución diluida de *diazinon* en el centro de la planta y deje que el líquido baje hasta las hojas de la base y finalmente a la tierra. Hágalo ahora, pues si espera, y el gorgojo ha atacado la planta, tiene que arrancarla y eliminarla para evitar que infecte otras plantas.

Frecuentemente, los nopales sufren el ataque de insectos que hacen una costra o escama blanca en los tallos. Este insecto se conoce como "cochinilla" y se controla fácilmente aplicando un chorro fuerte de agua. No es ahora un buen tiempo para sembrar flores para la primavera, pero puede sembrar ejotes que crecen despacio. Para sembrarlos hay que preparar la tierra y escoger un lugar soleado. Una vez seleccionado el lugar, haga un surco de dos pies de profundidad, ponga ocho pulgadas de estiércol y agregue fosfato de amonio sobre el surco. Después cubra el fertilizante con otras ocho pulgadas de estiércol y finalmente agregue dos pulgadas de arena. Dele una buena regada y coloque las semillas a una pulgada de profundidad de manera que haya buen drenaje. Prepare el soporte para cuando la planta crezca.

Si quiere tener flores de noche buena para la Navidad, asegúrese de tenerlas en la oscuridad por 12 o más horas al día por las siguientes tres o cuatro semanas. Corte los extremos de las ramas para favorecer su desarrollo.

En este mes las plantas conocidas cómo pájaros mexicanos del paraíso florecen bastante, sin embargo, en algunas semanas las flores se vuelven color café y las ramas se llenan de vainas con semillas. Puede quitar estas vainas y dejar que la planta produzca nuevas ramas y flores. Si quiere colectar las vainas y semillas, déjelas en la planta hasta que ésta se vuelva leñosa. Antes que se abran las vainas, córtelas y métalas en una envoltura de papel y cuélguelas en un lugar seco. Después de algunos días la vaina se abre y deja caer las semillas. Estas semillas son muy duras y gruesas y no dejan que el agua las penetre. Puede raspar la cubierta hasta que vea un color menos oscuro. Raspe por un lado de la semilla, no por el borde para no dañar el embrión. Coloque las semillas en vasos de papel con un mezcla arenosa; riéguelas y manténgalas en un lugar templado. Cuando la planta tiene unas cuatro pulgadas de alto, trasplántela a una maceta de un galón con la misma mezcla y espere al siguiente verano para trasplantarlas en su jardín.

Para el fin del mes, los insectos destructores de las siembras aparecen. El zacate es atacado por los pulgones; en los cítricos aparecen las larvas de las mariposas y otros insectos; si los encuentra debe eliminarlos. En las parras aparece el insecto que ataca a las hojas y destruye los tejidos blandos dejando sólo las venas. Esto da la apariencia de ser sólo el esqueleto de la hoja. Los gusanos picadores de hojas y flores salen de la tierra después de haber estado metidos en ella todo el verano. Ellos salen de noche y atacan los tallitos. Al anochecer rocíe la planta con una solución de Malathion®, *diazinon* o Sevin® para controlarlos.

En resumen:

- ❖ Fertilice su zacate.
- ❖ Pode los rosales.
- ❖ Cuide sus plantas de maíz.
- ❖ Controle las hormigas, use *diazinon* alrededor de la entrada de sus cuevas.

Éste es un mes agradable para los humanos y para las plantas. El calor del verano ya terminó y la gran diferencia es que tenemos noches frescas y la temperatura varía más de 20 grados entre el día y la noche.

El crecimiento de los árboles cítricos y las parras

No es para sorprenderse cómo estas plantas desarrollan una buena cantidad de flores y muchas siguen desarrollándose y produciendo frutas. Tome ventaja de esta situación y haga injertos porque la temperatura fresca hace que la savia suba desde las raíces hasta las hojas y esto causa que la corteza del árbol se abra fácilmente cuando le damos el corte para el injerto. Estos injertos se pueden hacer cuando se busca que un cítrico produzca más de una variedad de frutas. Justamente cuando los primeros capullos empiezan a hincharse y antes que las hojas se abran, haga un corte en la rama seleccionada para el injerto. Esta rama debe ser tan gruesa como un lápiz y el corte se facilita utilizando una navaja bien afilada. Dentro de la hendidura, ponga un corte fresco de la planta que quiere injertar y empújela hacia abajo de manera que quede bien firme y ajustado dentro de la hendidura. Después amarre las dos partes con una cinta plástica para evitar que el injerto se seque. Mantenga el árbol bien regado para facilitar el crecimiento. Los capullos que usó para el injerto son parte del crecimiento. Observe bien el lugar del injerto y cuando comience a hincharse, corte la cinta plástica por un lado del capullo para dejarlo que crezca. Haga varios injertos pues no todos van a tener éxito. Esta operación debe hacerse en el otoño, pues no tendrá oportunidad de hacerlo hasta la primavera. Cuando venga el invierno proteja los injertos de las temperaturas frías.

La siembra en vasitos de estirolita

Las semillas que sembró en estos vasitos el mes pasado deben estar ya creciendo y listas para trasplantarse en la segunda parte del mes.

Las puede ayudar a establecerse y desarrollarse usando cualquier fertilizante para plantas de la casa. Al principio use una cucharadita por galón de agua cuando las plantas tengan cuatro hojas y aumente a una cucharada en un galón de agua cuando tengan seis a ocho hojas. Tiene que preparar la tierra donde las va a sembrar, removiéndola, sacando las raíces viejas, malezas, insectos y piedras y agregando abono, fosfato de amonio, azufre y agua.

Cómo cuidar el maíz

No se olvide de regar estas plantas. La temperatura durante el día puede superar los 90° F. Cuando el maíz esté a la altura de la rodilla, ponga sulfato de amonio en la tierra a razón de una libra por 100 pies cuadrados y riéguelo bien. En este momento es de esperarse que el gorgojo le haga daño a las plantas de maíz. La primera indicación de la actividad del gorgojo es una serie de muescas y hoyos en las hojas nuevas al momento que éstas se abren. El ataque se agudiza cuando estos daños aparecen en toda la hoja. Si el daño ocurre próximo a la superficie del suelo, la planta no produce. Para controlar este problema, aplique una pequeña cantidad de *diazinon* en el tallo de las plantas antes que crezcan a la altura de la rodilla, dándole una aplicación semanal durante varias semanas.

Es muy difícil saber si la noctuela está depositando sus huevos en la planta. Cuando aparece el daño en las hojas es tarde para actuar y salvarla. Los gusanos penetran la mazorca por su abertura terminal y destruyen los granos. Esto lo puede evitar aplicando unas gotas de aceite mineral en las flores femeninas de la planta. Siembre otro surco de maíz para asegurar que tendrá frutas para el Día de Dar Gracias. Recuerde sembrar el maíz en áreas en forma de cuadrado o rectángulo. El polen cae en las flores femeninas de la mazorca polinizándola y con el tiempo se forma una nueva mazorca. Si el maíz es sembrado en un solo surco, la polinización no ocurre ya que el viento transporta el polen de la planta fuera del surco; por esta razón se recomienda sembrar más de un surco para que el viento transporte el polen a las plantas adyacentes. Al mismo tiempo puede sembrar al lado frijoles y ejotes.

Los frijoles y los ejotes chinos

Se recomienda cosechar los frutos de estas plantas con frecuencia, ya que de esta forma se estimula la producción de nuevas flores y frutos. No espere que la vaina de los frijoles y los ejotes se hinchen para recogerlas y comerlas.

Prepárese para sembrar frijoles y ejotes en su jardín, ahora que está la temperatura templada. En agosto sembró frijoles y ejotes, pero la tierra seguramente estaba muy caliente para que las semillas germinaran como usted quería. Puede volver a sembrar donde no hubo una buena germinación. En un año normal la temperatura refresca después de este mes y si hay buena germinación, también habrá buenos resultados antes de la primera helada de noviembre.

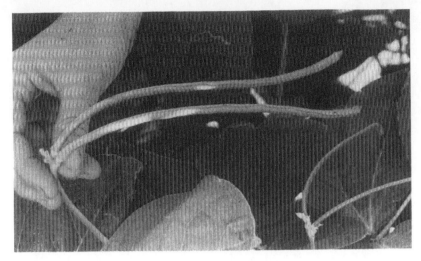

*Los ejotes chinos continúan
produciendo hasta que llegan las
heladas de noviembre. Corte las vainas
frecuentemente sin lastimar las ramitas
y los retoños, de esta forma la planta
continuará produciendo.*

Seleccione variedades que germinan en poco tiempo, como
Greencrop, Tender-green, Greenpod y Tenderpod. El ciclo de vida de
estas variedades es aproximadamente de 55 días.

Los tomates y los chiles

Estas plantas se beneficiarán con aplicaciones de sulfato de amonio;
esto evitará deficiencias nutricionales. Durante el verano muchas
personas usan demasiada agua con estas plantas y lo que hacen es
lavar la tierra del nitrógeno que necesitan para crecer y desarrollarse.
Recuerde que las raíces de los tomates se extienden tanto como el
follaje y hay que poner el fertilizante en toda el área de las raíces.
Cada planta debe recibir media taza cada dos semanas. Los gránulos
de fertilizante deben aplicarse sobre la tierra mojada; después hay que
regar.

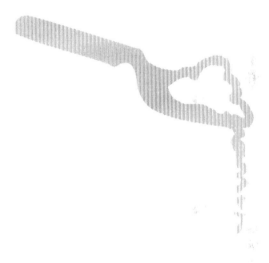

Cómo cultivar en macetas

Muchas veces olvidamos esta forma de cultivar plantas. Las plantas de
chiles que se recobran muy despacio pueden ser podadas y
trasplantadas en macetas de cinco galones. Durante la época de frío,
pueden ser protegidas moviéndolas a lugares soleados. Las macetas
negras retienen el calor del sol y eso les ayuda a mantener el calor por
la noche cuando la temperatura baja.

Las fresas

Si durante el verano se perdieron muchas plantas de fresas, saque las
que murieron y trasplante las que sobrevivieron en macetas de seis
pulgadas. Con mucho cuidado trasplante las que tienen tallos
saludables y muchas hojas al final de las ramitas y plántelas en
macetas separadas; deje que la planta principal continúe nutriendo a
las plantas jóvenes. Las ramitas que actúan como un cordón umbilical
tomarán de la planta madre los nutrientes necesarios para las plantas

jóvenes hasta que éstas desarrollen sus propias raíces y se vuelvan independientes. Use una cucharada de fertilizante para las plantas de la casa disuelto en un galón de agua para darles un buen crecimiento.

Cómo mejorar la tierra

Siga removiendo la tierra para plantar fresas. Se recomienda hacer una rotación de los lugares destinados para la siembra; de esta forma se evita la contaminación de infecciones virales e insectos que atacan estas plantas. Riegue la tierra hasta que el agua penetre a 12 pulgadas, ponga dos o tres pulgadas de abono, tres libras de fosfato de amonio y cinco libras de azufre por cada 100 pies cuadrados de tierra. Revuelva bien todo esto con la tierra llegando hasta 12 pulgadas de profundidad.

Los árboles cítricos y la granada

Las frutas de los cítricos y granadas continúan abriéndose pues es una época muy buena para su crecimiento. La parte interior de la fruta se hincha, pero la cáscara exterior no se expande y la fruta se abre. Recoja las frutas dañadas antes que los insectos las ataquen. Las naranjas, las toronjas, los limones y otras frutas cítricas están casi ya maduras, corte una y pruébela. En septiembre no fertilice los árboles cítricos, pues va a favorecer crecimiento que no es necesario en esta época. Con las granadas, el color de la cáscara le va a decir si están listas para comer, pero no se confíe. Algunas variedades dan frutas con un color pálido cuando están maduras y otras dan un color morado afuera y dentro de la fruta. La única forma de saber es probándola. En este mes también hay otras frutas del desierto como las de los cactus.

Las hormigas cosecheras

El otoño es una buena época para trasplantar en vez de sembrar directamente. Si hace semilleros póngalos en lugares altos donde las hormigas no llegan ya que éstas son muy activas cuando la tierra se mantiene caliente.

Las hormigas empiezan a ser más activas a medida que la temperatura baja. Por la noche, ellas cortan y destruyen las hojas llevándolas hacia donde tienen sus cuevas antes del amanecer. Proteja sus plantas y semilleros usando insecticidas apropiados.

La lechuga

A los gorriones les gusta las semillas de la lechuga y muchas veces reducen la producción de esta planta; usted puede proteger las lechugas cubriéndolas. Muchas variedades crecen muy bien en el desierto. Las que son cerradas no son fáciles de cultivar; las mejores son las de hojas sueltas. Al final del mes, las plantas que cultivó en los semilleros estarán listas para ser trasplantadas en la tierra. Trabaje con ellas rápidamente, pues el aire seco afectará su desarrollo.

Los frijoles y los chícharos

Las semillas grandes de frijoles faba, habas, frijoles italianos, chícharos ingleses y los frijoles chinos deben ser sembradas al final del mes. Estas semillas no germinan bien cuando la tierra está muy caliente; debe esperarse hasta que el termómetro de tierra a dos pulgadas de profundidad esté a 70° F. Si siembra más tarde en el mes, la germinación se reducirá considerablemente a medida que los días son más fríos. Los pájaros no serán un problema, pero debe vigilar a un insecto mordedor que corta las hojas. Este gusano vive en la tierra durante el día, toma el color de la tierra, por lo que es muy difícil verlo, y por la noche sale y sube a buscar los tallitos y las hojas frescas. Por la mañana los gusanos se esconden, pero el daño es fácil de observar. No confunda estos insectos con las larvas blancas. Este insecto mordedor se queda dentro de la tierra comiéndose las raíces de las plantas. Los gorgojos también son un problema que se puede combatir con diazinon, Malathion 50® o Sevin®. Aplíquelo en el suelo para que penetre hasta una pulgada de profundidad donde los insectos están escondidos. Los frijoles faba, los chícharos o guisantes se desarrollan bien durante un invierno moderado y empiezan a dar flores cuando la primavera empieza, si la escarcha o heladas no los ha dañado. Los frijoles faba crecen hasta cuatro pies de altura, tienen una vida corta y cuando se cosechan, la planta se muere. Estas hortalizas necesitan soporte para su crecimiento y desarrollo y producen por un largo tiempo hasta el mes de mayo. Debe recogerse el fruto antes que las ramas se sequen y se pongan duras. Estos ejotes son muy sabrosos cuando los granos son inmaduros.

La plantación de árboles frutales perennes y caducifolios

Haga el hoyo siguiendo las recomendaciones ya indicadas. La tierra no se enfría tan rápido como el aire, lo cual es ideal para el desarrollo de los nuevos árboles. No sucede lo mismo con los árboles cítricos pues éstos no toleran las heladas. También existe otro grupo de árboles conocidos como caducifolios, los cuales pierden las hojas y necesitan un período de temperatura fría para establecerse. El aire frío hace que el árbol pierda las hojas y entre en descanso, y el calor de la tierra ayudará a que el árbol desarrolle su sistema de raíces; durante este período es importante mantener la tierra húmeda. Los árboles frutales que se establecen durante el otoño se desarrollan mejor que los que se plantan en la primavera, ya que a esta estación del año le sigue la estación del calor y la combinación de aire seco y tierra mojada dañan las hojas y las raíces.

La siembra de hortalizas de invierno

La siembra de hortalizas de invierno nos da la oportunidad de obtener una buena cosecha temprana. Una buena forma de tener abundante crecimiento de estas hortalizas es pasar el rastrillo por la tierra haciendo hoyos de media pulgada, después vuelva a rastrillar la tierra haciendo otros hoyos perpendiculares a los primeros. Siembre directamente en la tierra en cuanto vea que las hormigas se han ido. Siembre una semilla en cada hoyo. Puede usar cualquier variedad de hortalizas de invierno. Las plantas germinarán a una distancia de una y media pulgada entre plantas. En cuanto las plantas empiecen a tocarse unas con otras saque algunas, alternando de una fila a otra, para evitar la competencia por agua, luz, y nutrientes. Continúe esta operación cada tres semanas. De esta forma tendremos una buena cosecha en un lote pequeño de terreno.

Después que se ha preparado la tierra con los mejoradores de suelo, tiene que nivelarla usando un rastrillo para preparar la cama de siembra. El rastrillo permite regular la distancia y la profundidad de los hoyos donde se plantará. Se recomienda colocar una semilla en cada hoyo.

Los insectos

Así como el buen tiempo de este mes es favorable para los humanos y las plantas, también favorece a los insectos, tales como los gusanos blancos, las larvas, las orugas, los insectos verdes con largas antenas y otros. Esté preparado para actuar contra ellos. Cuando esté preparando la tierra y removiéndola, recójalos y destrúyalos.

Vigile la mariposa negra y amarilla; ésta vuela buscando las hojas de un árbol cítrico para depositar los huevos. Ella se posa en la superficie superior de las hojas y es fácil verla. La mariposa deposita unos huevos que son muy pequeños, como la cabeza de un alfiler. Si estos huevos no son destruidos por las avispas y otros insectos, incuban en pocos días y se convierten en orugas de color café de un cuarto de pulgada de largo, que se comen las hojas inmediatamente, prefiriendo las hojas tiernas. En este mes, también es posible observar a los saltamontes; éstos ponen sus huevos en la tierra, los cuales se convertirán en larvas en la primavera. Otros se esconden en el invierno y ponen los huevos en la primavera. El mejor tratamiento para su control es rociarlos con Malathion 50® o con *diazinon*. Los más grandes son más fáciles de destruir. En la mañana temprano, los vemos en el follaje de la planta moviéndose con dificultad.

Los insectos de la col son muy difíciles de encontrar ya que son del mismo color de la planta. El mejor indicador de su presencia es el daño que causan en las hojas. Los pulgones grises empiezan a presentarse al final de este mes y se quedan hasta el final del invierno. Al principio se agrupan en pequeñas colonias, generalmente debajo de las hojas de la col, bróculi, coliflor y rábano, chupando el jugo de las hojas y arrugándolas. Estas arrugas ocurren en la parte inferior de las hojas, en la parte superior se verá una mancha amarilla. No deje que la población de pulgones aumente ya que pueden causar un daño considerable.

Los árboles frutales y su crecimiento

En esta época, que es el final del año para la jardinería, no debemos facilitar el crecimiento de los árboles en general, especialmente de frutales perennes y caducifolios; éstos necesitan algunas semanas de descanso y si no reciben el frío no producirán frutas el próximo año. El inicio de la época de temperaturas frías da entrada al período de descanso; en este momento las plantas comienzan su período de dormición. Una forma de sustituir la falta de frío es disminuir la cantidad de agua; siga regando a una profundidad de tres pies, pero aumente el intervalo entre riegos aproximadamente a cada tres semanas. Deje que la superficie de la tierra se mantenga seca por un tiempo, pero vigile los nuevos crecimientos de tallitos y hojas evitando que se marchiten por más de un día. No obstante que las frutas están desarrollándose, es posible que algunas se pierdan. Con los árboles frutales y enredaderas tenemos una buena indicación observando el color de las hojas; cuando éstas empiezan a ponerse de color café, es una indicación de que están listas para entrar en descanso. La fruta que tiene suficiente agua actúa como recipiente de humedad y evita que el árbol se seque. Un buen riego al final de este mes es suficiente reserva de agua durante el invierno. Otro error que se comete en este tiempo es fertilizar demasiado. Deje que los árboles descansen.

Septiembre
en su jardín

Septiembre
en su jardín

Las hierbas de olor de invierno

Hay hierbas de olor para el verano y para el invierno. Puede usar un barril para sembrar estas hierbas. Es mejor comprar las hierbas en un vivero que establecer semilleros. A estas plantas les gusta una tierra arenosa y con buen drenaje además de suficiente luz solar durante el invierno. Un poco del fertilizante que se usa para las plantas de la casa ayuda a su crecimiento y desarrollo. No use mucho, ya que puede reducir el aroma. Si tiene una vasija con menta déjela en su maceta y póngala en un barril para mantener las raíces en su lugar. A la menta le gusta la sombra y la humedad. El perejil es una planta que crece bien en el barril. Corte las ramas bajas y úselas en ensalada o para condimento en carne roja o blanca o pescado. El perejil deja de crecer cuando la temperatura aumenta en la primavera. El cilantro, las cebolletas, la salvia, el tomillo y el orégano son otras hierbas que crecen bien en esta época. A todas las hierbas de olor del invierno les gusta la luz solar y una tierra con buen drenaje. En cuanto las hierbas se establecen no use más fertilizantes. El berro es otra hierba fácil de crecer. Cómprelo en un vivero, separe dos o tres ramitas y póngalas en un recipiente con agua y en cuatro o cinco días verá cómo se han desarrollado las raíces; en este momento están listas para ser trasplantadas.

— ❖ —

Octubre

Éste es un buen mes para trabajar en su jardín. Los días son más cortos y más frescos. Las noches con temperaturas de 50° F le dan a las plantas un descanso de las temperaturas altas del verano.

Es común aplicar fertilizantes cuando las hojas nuevas aparecen, pero no lo haga ahora. Mantenga la tierra húmeda alrededor de las raíces y alargue el intervalo de riego. No haga ninguna poda fuerte en este mes, pues si lo hace, va a estimular un nuevo crecimiento y eso no es beneficioso en este momento. No corte ramas grandes excepto las que estén dañadas.

Las ramitas que han crecido después de la poda de septiembre se pueden cortar al principio de octubre. Puede plantar algunas plantas, como los juníperos y los pinos que crecerán y desarrollarán raíces aunque la temperatura esté fría. Las plantas semitropicales como las palmas, los cítricos y las plantas de la familia de las malváceas no se desarrollan bien en esta época.

Comercialmente hay numerosas plantas para la venta a buen precio, pero debe inspeccionar cada planta antes de comprarla; si las raíces están enroscadas en el fondo de la maceta, no la compre. Si usa un fertilizante nitrogenado, no lo aplique a una planta que no lo necesita, pues lo que va a obtener es una planta grande con hojas verde oscuro que atrae insectos. En estas condiciones, la planta se vuelve muy sensible a una helada, no produce flores y, en el caso de los cítricos, lo que va a resultar es una fruta con cáscara muy gruesa.

En octubre se puede reparar su zacate o sembrar uno nuevo que crecerá durante el invierno. Este nuevo zacate de invierno no debe establecerse muy temprano en este mes cuando la tierra está aún caliente, ya que las semillas no germinarán y las que germinan entrarán a competir con las fuertes raíces del zacate Bermuda. Si se espera mucho, algunas de las semillas germinarán pero el zacate se pondrá de color café. Lo mejor es usar un termómetro, enterrándolo dos pulgadas en el suelo; la temperatura ideal para establecer el zacate es aproximadamente 75° F.

Si usted quiere tener flores silvestres en la primavera, es ahora el momento de sembrarlas, pero necesita regarlas para que crezcan bien.

Las primeras lluvias del otoño enfrían la tierra y la mantienen húmeda, favoreciendo la germinación de las semillas que han estado en descanso. Éste es un buen mes para sembrar bulbos; estos se desarrollan bien en el clima del desierto. La mayoría son originarios de Africa. Algunos de los bulbos pueden quedarse en la tierra durante el verano, y pueden sobrevivir si se mantienen secos. Cuando las primeras lluvias del invierno empiezan, usted verá las primeras hojas de los narcisos, Amarilis, junquillos y estrellas de Belén. Este es el momento de empezar a regarlos para que sigan creciendo. Los bulbos necesitan ser separados cada dos años, pues de otra forma darán flores pequeñas. No siga las instrucciones que generalmente tienen aplicación en Europa. Plántelos aproximadamente a ocho pulgadas de profundidad, agregue fosfato de amonio o harina de sangre, pero no use materia orgánica que mantiene mucha humedad y puede pudrir los bulbos; siembre los bulbos con la parte plana hacia abajo. Recuerde que los bulbos del narciso deben sembrarse orientados hacia el sol.

Ésta es la temporada en que los viveros empiezan a ofrecer azaleas, camelias y gardenias. Muchas veces estas plantas vienen de climas más fríos, más húmedos y de menos sol que el nuestro; esto ocasiona que algunas plantas no sobrevivan más de un año.

En octubre las hojas viejas en nuestros árboles se ponen amarillas y se caen. Esto es normal; el clima favorece nuevas hojas y elimina las viejas. Si tiene un árbol de nogal, y hay una buena cantidad de sus frutas en el suelo, no se preocupe, limpie la base del árbol y dele una buena irrigación.

En resumen:

❖ No pode las plantas y árboles ahora.
❖ Mantenga la tierra húmeda.
❖ Use el termómetro de la tierra.
❖ Mueva sus macetas a un lugar soleado.

Éste es un mes de transición, no hay calor pero el frío del invierno no ha llegado. Lo que se sembró en septiembre está creciendo bien; sin embargo, este crecimiento va a disminuir en noviembre. Esta es una época buena para los que cultivan su jardín. Los días calientes y las noches frías son favorables para las plantas. Las hortalizas de verano como el tomate, el chile y la berenjena se recuperan. En los cítricos, las parras y los árboles frutales hay nuevos crecimientos de ramitas y hojas.

Las hortalizas de invierno

El fruto de las siembras está próximo a recogerse, tal es el caso de los ejotes y los frijoles que se sembraron en agosto. La lechuga ya se puede cortar; los rabanitos ya están listos para comerse, así como otras hortalizas orientales, los ejotes y los chícharos. Ya es tarde para sembrar hortalizas de invierno, pues aunque las plantas no se van a morir, éstas no darán semillas hasta que llegue el cambio de temperatura en la primavera. Pero se pueden plantar fresas y árboles frutales. No plante árboles cítricos ahora, pues el clima frío de noviembre y diciembre puede dañarlos.

Las fresas

Es posible que no pueda comprar ahora plantas de fresas y si las encuentra tienen un precio muy alto. Si le quedan plantas de fresa del año anterior que sobrevivieron el verano, entonces el cultivar fresas le resultará económico. De ahora en adelante el tiempo es favorable para las fresas; aunque es otoño, las fresas continuarán desarrollándose y creciendo y estarán listas para dar flores cuando empiece la primavera. Éste es el mejor tiempo para plantar fresas; utilice un fertilizante completo dos semanas después de plantarlas.

Los frijoles, la lechuga y los rábanos

Hay una clase de frijoles, faba blancos, que son los favoritos de los jardineros o agricultores italianos. Es muy difícil encontrar estas semillas en los viveros. Estos frijoles también son llamados frijoles italianos. Se pueden encontrar los frijoles faba secos en las tiendas de productos gastronómicos. Compre una cantidad pequeña y pruébelos, pues ellos saben mejor cuando se comen frescos, acabados de sacar de las vainas. Pueden molerse y producir un polvo que se usa para hacer sopa y pan. Las semillas pequeñas y redondas no crecen tan bien como las largas y planas. No obstante que los frijoles faba son leguminosos y mejoran la tierra por el nitrógeno que las bacterias fijan en sus raíces, estas plantas no se desarrollan bien en una tierra pobre y con mal drenaje. Los frijoles faba crecen hasta cuatro pies y desarrollan ramas en la base, por lo que hay que darles suficiente espacio para que se establezcan y desarrollen. Estas plantas se diferencian de otros frijoles en que la polinización ocurre vía los insectos, por lo que es buena idea tener plantas con flores que atraigan insectos. Estos frijoles al principio crecen despacio.

Las macetas

Las macetas en este tiempo hay que moverlas, porque la luz solar cambia y hay que buscar el sitio que les ofrezca el calor del sol. Las macetas de cinco galones son fáciles de mover, pero los barriles son más difíciles. Si éstos están sobre cemento, ponga unos pedazos de tubería debajo del barril y cámbielos de lugar. Rote las macetas para evitar que la luz solar le dé a una sola parte de la planta. Las macetas de color negro guardan el calor del sol en el invierno y las raíces se desarrollan bien en la tierra caliente.

Hay que poner las plantas en macetas en un lugar soleado y vigilarlas, pues crecen mucho más rápido que en la sombra o en las partes más frías del jardín.

Los árboles

Más jardineros y agricultores están usando el otoño para plantar árboles aunque estén en la época de perder las hojas y entrando en el período de descanso. El invierno del desierto no es tan severo para helar la tierra, la que se mantiene caliente, y las raíces pueden continuar desarrollándose. El aire fresco y los días cortos hacen que los árboles pierdan sus hojas. Este mes puede que sea un mes lluvioso y, por lo tanto, las plantas se beneficiarán de la humedad disponible.

Los hongos

Esto es algo que alarma a los que tienen jardines. ¿De dónde vienen? Muchos nunca los han visto antes y creen que se pueden comer. Es muy difícil recomendar si se pueden comer, pues algunos se pueden usar pero otros son venenosos. La intoxicación se presenta días después de comerlos y para entonces ya se olvidó cuál fue el venenoso. No trate de experimentar con los hongos. Las mezclas de tierra que compramos generalmente contienen las esporas de los hongos, y la humedad, más la temperatura favorable, dan oportunidad a la producción de pequeños hongos que viven por un corto tiempo. Los hongos no perjudican a las plantas; ellos viven usando la materia orgánica de la tierra.

Los árboles cítricos

Un octubre con temperaturas templadas estimula el crecimiento de los árboles cítricos hasta el punto en que algunos producen flores, aunque la mayoría de éstas se pierden, otras se desarrollan y dan frutas. El interior de la fruta de la naranja *navel* se hincha pero la cáscara no se estira y la fruta se abre y se pierde. Si el árbol se mantuvo seco durante el verano es más favorable que tenga frutas que se abren y se echen a perder. También es importante evitar el daño de las heladas cuando el árbol tiene nuevos crecimientos. El buen jardinero debe vigilar el daño que ha causado la helada. Si un árbol tiene muchos crecimientos nuevos, es más susceptible de ser dañado que los que tienen ramas maduras. En octubre no fertilice los árboles cítricos, pues va a favorecer crecimiento que no es necesario en esta época. No fertilice hasta febrero.

Las parras a veces comienzan a dar flores en esta época pero lo que se obtiene es una producción pobre de uvas. Trate las parras como hace con los cítricos y déjelas que descansen. Si las lluvias continúan, la planta va a seguir creciendo, lo que no es muy favorable. Los árboles frutales semitropicales necesitan protección del frío; las otras plantas frutales necesitan más frío del que pueden recibir en el desierto. Disminuya la frecuencia de los riegos. Un otoño con bastante lluvia representa un dilema para las plantas y árboles del desierto ya que así como queremos que nuestros árboles descansen, también queremos que las hortalizas sigan creciendo.

Cómo proteger las hortalizas

Para mantener el control de la temperatura, cubra la tierra con un material plástico entre los lotes de siembra. Si hay malezas use un plástico negro, pero si éste no es el caso, use un plástico claro. Prepare una cubierta o túnel para las plantas, lo que va a actuar como un invernadero. Recuerde abrir los dos extremos del túnel para que el aire circule o cierre los extremos si quiere retener humedad y calor. Mantenga esta operación hasta la primavera. Este sistema del túnel funciona muy bien con las plantas de fresas.

Abajo Izquierda: En los días calientes habrá que abrir los extremos del túnel de plástico para dejar salir el aire caliente. Cierre los extremos del túnel antes que caiga el sol.

Abajo Derecha: También se puede usar una ventana vieja y una cama de suelo para construir un jardín protegido.

La protección contra la helada

En esta temporada los tomates, los chiles y las berenjenas empiezan a dar flores y frutas. El maíz que se sembró en agosto está casi listo para ser cosechado para el Día de Dar Gracias. Los frijoles (la variedad *Chinese pole*) continúan produciendo un gran número de semillas y si no las recogemos se endurecen rápidamente. Todo en el jardín luce muy bien hasta que nos llega la primera helada y entonces veremos cómo las plantas que sobrevivieron el verano se mueren.

Para evitar la pérdida de las plantas de tomate, chile y berenjena, se sacan de la tierra y se siembran en un recipiente de cinco galones y se colocan en un lugar soleado. Si la temperatura baja al grado de helada (32° F), cúbralas o manténgalas dentro de la casa.

Octubre
en su jardín

_____

_____

_____

_____

_____

_____

_____

_____

_____

_____

_____

_____

_____

_____

_____

_____

_____

_____

_____

_____

_____

_____

_____

_____

_____

_____

_____

_____

El uso del invernadero

Ahora es el tiempo de poner en un invernadero las hortalizas del final del verano que están en macetas de cinco galones. Si tienen muchas ramas y hojas, córteles algunas. Este corte favorecerá el crecimiento de nuevas ramitas y hojas y dentro de poco empezarán a producir flores. Si el invernadero se mantiene con una temperatura de 70° F día y noche, estas flores darán frutos. No es muy económico mantener la temperatura apropiada en un invernadero en verano y en invierno; pero en el invierno, si mantiene la puerta cerrada, se podrá usar el calor solar y favorecerá de esta forma el crecimiento y producción de sus hortalizas. Las plantas de tomate necesitan temperaturas de más de 75° F durante la noche. Las plantas de invierno como la lechuga, los frijoles, los ejotes, la col y el repollo crecen mejor si se tienen en el invernadero a 70° F. Más adelante en el invierno puede sembrar en preparación para la primavera.

Los tomates verdes

Las plantas de tomate que están en el jardín seguirán sobreviviendo por algunas semanas, pero lo mejor es recoger los tomates verdes y usarlos en alguna receta para comerlos o almacenarlos (en el garaje o armario) envueltos en papel o colgados para que se maduren. Puede sacarse la planta completa y colgarse con ramas, hojas y raíces. Puede también recoger las frutas y guardarlas en cajas con aserrín.

Los insectos destructores

Por la mañana temprano cuando inspecciona el jardín encontrará pedacitos de hojas al lado de sus plantas. Éste es el trabajo de las larvas de mariposas (orugas cortadoras) que se esconden en la tierra de día y salen de noche buscando que comer. Estas larvas son tan destructoras para las plantas como los pájaros son para las frutas. Para controlar estas larvas se aplica en la tierra (no en la planta) _diazinon_ o Malathion 50® durante la tarde para que cuando salgan por la noche, el veneno las mate. Si no quiere usar estos productos químicos para el control de estos insectos, use el papel de aluminio de la cocina para envolver el tallo de cada planta. Ponga un frasco de un galón sobre cada planta, empujándolo en la tierra para mantener a las orugas fuera del territorio de la planta, y de esta forma actuará también como un invernadero para cada planta, protegiéndola del frío. Las hormigas cosecheras también son un problema en esta época, ya que trabajan duro para alimentarse durante el invierno. Éstas son muy activas durante la noche y pueden acabar con una planta antes del amanecer. Estas hormigas dejan un rastro con pequeños pedazos de hojas que facilita el poder encontrar la cueva. Use _diazinon_, regándolo en la tierra por la noche, pero no dentro de la cueva. Los saltamontes son otros insectos destructores que aparecen antes de llegar las bajas temperaturas invernales.

Las mañanas de octubre son frías y los insectos que son de sangre fría se vuelven lentos y son vistos fácilmente. Por lo tanto, se pueden destruir en las primeras horas de la mañana. Hay que destruir estos insectos, porque si se dejan pondrán los huevos para que incuben durante el invierno en la tierra y aparezcan en la primavera.

Los pulgones atacan el nuevo crecimiento de las plantas y son muy destructivos. Reaparecen luego en la primavera. Los hay de color verde, café y negro. Atacan a todas las hortalizas de la familia de la col. Se deben inspeccionar las hortalizas todos los días, pues cuando se establecen en el bróculi o en la coliflor acaban con la planta.

Los roedores y los conejos

Los topos roedores pasan el verano inactivos metidos en sus madrigueras. El fresco de octubre les da oportunidad para estar activos y hacer túneles en la tierra de los plantíos para alimentarse de las raíces de los tomates y chiles cuando estas plantas se están recobrando del calor del verano. No es práctico aplicar veneno para matarlos, porque puede afectar a los animales domésticos y a los niños que juegan en los jardines. Algunas personas usan la manguera para inundar la madriguera, sin embargo los topos hacen la salida por el otro extremo del túnel y lo que ha pasado es que ha desperdiciado agua. Se pueden proteger las plantas poniendo alambre de gallinero alrededor de la planta y dentro de la tierra donde están las raíces, también poniendo una caja como protección, aunque estos roedores saltan y hacen fracasar esta técnica. Hay otros animales del desierto que se comen a estos roedores, tales como las serpientes, las lechuzas, los halcones, los coyotes y también los gatos. Lo otro es sembrar frijoles de ricino, pues dicen que las raíces no son del gusto de los roedores y se van del lugar. Algunas personas en vez de sembrar estos frijoles, ponen aceite de ricino en la tierra y por el agujero del túnel. Si todo falla, compre una trampa para roedores en cualquier tienda de implementos agrícolas; compre dos trampas para colocar cada una en distinta dirección. Use guantes cuando ponga las trampas para no dejar su olor en ellas. Inspeccione las trampas todos los días y disponga de los roedores muertos.

Otro problema es el de los conejos que se acostumbran a comer y destruir las plantas de los jardines. El uso de harina de sangre, bolas de naftalina, pimienta, pelos que trae de la barbería o químicos, puede que funcionen por uno o dos días, pero el clima seco del desierto y el aire reducen su eficiencia. Los coyotes y los pájaros son depredadores que se comen los conejitos. Lo más efectivo para proteger su jardín de los conejos es poner alambre de gallinero alrededor a una altura de tres pies y enterrándolo en la tierra aproximadamente seis pulgadas. Acuérdese de no dejar la puerta de entrada a su jardín abierta.

Si el cambio de temperatura en el otoño ha sido benigno eso nos indica que el invierno no va a ser crudo y nos da la tranquilidad de que los árboles cítricos no van a sufrir mucho. No obstante las temperaturas frescas y los días cortos, estos árboles empiezan a producir nuevas ramitas y hojas y hasta puede que den flores. En este momento hay agricultores que aplican un fertilizante rico en nitrógeno, pero cuando la estación fría avanza, no queremos que los árboles cítricos nos den nuevos crecimientos que una helada los vaya a marchitar. Hay que recordar que todos los brotes y hojas nuevas que salen durante el otoño son fácilmente afectadas por las heladas o las temperaturas frías.

La irrigación

Hay que vigilar la condición de los nuevos brotes en los cítricos y es mejor dejar que se marchiten un poco antes de ponerle más agua al árbol. A medida que el mes se hace más frío, riegue cada tres semanas. Cuando a mediados de noviembre se presenta la primera helada sabemos que lo que hicimos en octubre con la irrigación y otros cuidados fue lo correcto.

Los nogales

Aunque la temperatura disminuya, hay que mantener los nogales bien irrigados para que las nueces se desarrollen bien y no se encojan o se acorchen, y para evitar la caída prematura de las nueces.

Los caracoles

Si hemos tenido buena lluvia en octubre espere ver una gran cantidad de caracoles. Durante el tiempo seco, ellos se esconden en la tierra y cierran su concha hasta que la humedad vuelve. La pregunta que se hace a menudo es: ¿De dónde vienen? Cuando se compra una planta que creció en la costa de California, revise bien la tierra, pues de ahí vienen los caracoles. Si aparece alguno, sáquelo de la tierra y destrúyalo. A veces una lluvia ligera en la noche hace salir muchos caracoles y si el día está nublado, los puede recoger fácilmente y destruir. Las plantas conocidas como vincas son los escondites favoritos de los caracoles. Para su control se recomienda mantener la superficie de la tierra tan seca como sea posible, así como también una poda que elimine el exceso de sombra; todo esto ayuda a exterminar los caracoles. Los caracoles pueden ser atraídos con cerveza y atrapados en la lata. Ponga una lata con poca cerveza en la tierra con la apertura al nivel del suelo. Los caracoles se cuelan en la lata, y después se eliminan en la basura. También hay en el mercado un producto que parece comida de gato o un cereal que usamos en el desayuno, que se riega en la tierra y los caracoles se lo comen y mueren. No lo recomendamos porque es una atracción muy peligrosa para los niños y animales domésticos.

Las lluvias frecuentes del invierno hacen a los caracoles salir de la tierra, comiéndose las plantas jóvenes que han salido de nuestros semilleros. Los caracoles son fáciles de atrapar en una lata que contiene poca cerveza. Cuando la lata se llena de caracoles, descártela en la basura.

Noviembre

Ya empiezan los días a ser más cortos y el tiempo a enfriar durante la noche, aunque hay días calientes, pero la oportunidad de tener una helada temprano es un problema que debemos siempre considerar para estar preparados. Mantenga un registro de la temperatura y revise lo que los periódicos, la radio y la televisión le informan y compárelo con la temperatura de su casa. Compre un termómetro que le indique la temperatura mínima y máxima; esto le ayudará a determinar cómo varía la temperatura en su jardín.

En un papel cuadriculado, de cuatro cuadritos por pulgada, dibuje una gráfica y marque en la línea horizontal los días del mes entre noviembre 1 y enero 30. En el lado vertical de la gráfica marque la temperatura en intervalos de cinco grados, de 0º F hasta 90º F. Use un color para indicar la temperatura mínima de la noche anterior y otro color para marcar la temperatura mínima que se predice para la noche siguiente. De esta forma usted podrá saber si la temperatura en su casa está más fría o más caliente que la que publica la prensa.

Coloque su termómetro próximo a las plantas que usted sospeche que puedan ser afectadas. Las flores del otoño y el zacate de centeno continúan creciendo en noviembre, mientras que la vegetación del desierto y las plantas propias de la época caliente detienen su crecimiento. Los árboles y arbustos empiezan a cambiar de color y las hojas amarillentas se caen. La primera helada produce este fenómeno. Las hojas de la buganvilla y los cítricos se mantendrán verdes por algún tiempo, pero eventualmente se pondrán amarillentas y se caerán también; esto es normal.

Noviembre no es un mes para plantar. En los lugares de su jardín donde hay temperaturas más calientes, usted puede corregir algunos de los problemas, tales como resembrar el zacate y arreglar sus semilleros de flores. Si corta su zacate, no deje las hojas que cortó esparcidas sobre el zacate; asegúrese que la cuchilla de la cortadora esté bien afilada antes de hacerlo.

El sulfato de amonio es el fertilizante universal que trabaja muy bien en la tierra caliente, pero si lo aplica en el zacate de invierno, las bacterias reducen su actividad y no pueden convertir el sulfato a nitrato, por lo que debe usar nitrato de amonio en cantidades pequeñas (aproximadamente una libra por 100 pies cuadrados de su zacate cada dos semanas).

Cuando riegue sus plantas en este mes, recuerde que el exceso de agua favorecerá el desarrollo de hongos. Puede hacerse un surco y aplicar un fungicida temprano en la época. Cuando la enfermedad causada por los hongos empieza a aparecer, puede usar Captan®, Dyrene® o Benomyl®. El semillero de flores que sembró en septiembre ahora es como una alfombra de plantas y flores, si es que ha llovido o usted ha regado el área. Además, debe fertilizar la zona con nitrato de amonio a razón de 1/2 libra por 100 pies cuadrados de

Empiece a tomar los datos de la temperatura durante la noche. Use un termómetro de mínima-máxima que le permitirá determinar la temperatura mínima y compararla con las predicciones de los medios de comunicación locales.

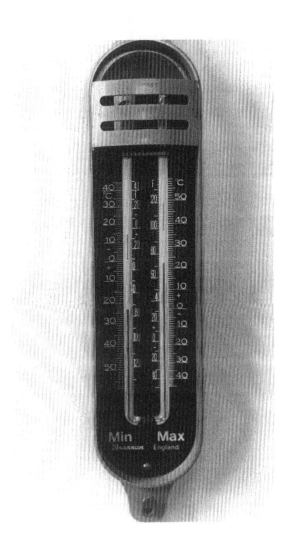

tierra y después riegue bien para quitar el fertilizante que haya caído sobre las hojas. Debe de hacer esto cada tres semanas para mantener las plantas vigorosas y saludables.

Algunas veces en noviembre usted encontrará en las naranjas y toronjas un pequeño agujero, por donde salen un montón de mosquitas, y muy pronto el agujero se pone de color café y se pudre la fruta. Mucha gente piensa que son "insectos de vinagre" pero éste no es el caso. Los insectos chupadores de savia hacen los agujeros y el olor del jugo de la fruta atrae estas moscas.

Cómo saber si las frutas de los cítricos están listas para comerlas es una pregunta muy interesante. Usted puede guiarse por el color de la fruta, pero debe recordar que las mandarinas y las naranjas son las primeras en madurar. Los limones no maduran hasta noviembre. La naranja valencia no está lista para comerse hasta marzo y las toronjas estarán en su mejor forma para abril o mayo. Recuerde que el mejor lugar para guardar las frutas de los cítricos es en el árbol.

La planta conocida como "la escoba del desierto" (romerillo) es una planta que crece y se propaga fácilmente; muchas personas consideran esta planta como una maleza. A veces se resiste a cualquier control químico y es muy difícil eliminarla pues sus raíces son fuertes y profundas. Algunos dicen que esta planta produce reacciones respiratorias alérgicas.

En resumen:

- ❖ Vigile las heladas y proteja sus plantas.
- ❖ No plante en este mes.
- ❖ Ahora puede usar nitrato de amonio como fertilizante.
- ❖ Disminuya el riego en su jardín.

Cómo conservar el calor para que las hortalizas de invierno se establezcan

Se recomienda conservar el calor del sol que les llega a estas plantas. Puede cubrir cada planta con un recipiente plástico de un galón cortado por la mitad. Otra forma es cubrir sus plantas con una lámina de fibra de vidrio. De esta manera evita que los pájaros se coman las plantas de lechuga. También se puede usar una sábana o un plástico claro. Asegúrese que el material que usa para cubrir sus plantas no toque las hojas para evitar que se quemen con el sol o con la helada en la noche. Puede comprar estos paneles para cubrir las plantas en la sección de telas de los catálogos. Hay otro método que se llama "la pared de agua". Éste consiste en un tubo largo de plástico con un número de tubos pequeños que se llenan de agua por arriba. No es fácil llenarlos de agua y mantener el tubo recto, pero una vez que lo ha hecho, la luz y la humedad llegan a las plantas a través del agua que se calienta por el día y conserva el calor necesario por la noche.

Mantenga la tierra caliente poniendo un plástico claro sobre ella entre las hileras de plantas, considerando que las raíces están creciendo y necesitan calor. A pesar del aire frío la parte de arriba de

Cubra las plantas sensibles al frío antes que caiga el sol si parece que va a helar por la noche. Quite la cubierta por la mañana y deje que el sol caliente las plantas.

la planta crecerá. El plástico claro favorece el crecimiento de las malezas pero es más efectivo que el plástico negro para calentar la tierra. De esta forma se construye un túnel que funciona como un invernadero.

La fertilización

Si las hortalizas de invierno están creciendo, las puede ayudar usando pequeñas cantidades de nitrato de amonio. Si las plantas están en descanso no piense que esto las ayudará: Distribuya el fertilizante en la tierra alrededor de las plantas a razón de media libra por cada 100 pies cuadrados de tierra; después riegue, lavando el fertilizante que haya caído en las hojas. Si cae en los brotes de la lechuga o la col, matará la planta. También puede poner una cucharada del fertilizante en un galón de agua para regar las plantas con esta solución. Mantenga sus plantas de hortaliza creciendo a pesar del frío, dándoles esta nutrición cada 10 días.

Durante los meses fríos del invierno se recomienda el uso de un fertilizante soluble que contenga nitrato (nitrato de amonio) ya que éste es más asimilable por las plantas. El sulfato de amonio es menos eficiente ya que necesita suelos mas calientes para ser asimilado.

Los frijoles faba y los chícharos

Estos cultivos prefieren una tierra fresca. Al principio de noviembre debe mojarse bien la tierra donde se sembrará. Durante el invierno estas plantas crecerán muy despacio, pero en cuanto llegue la primavera el crecimiento aumentará y empezarán a producir hasta el mes de abril. Estas plantas resisten las temperaturas frías y las heladas, aunque las primeras flores pueden ser dañadas con la primera helada. Se recomienda sembrar durante el mes de enero.

Los pájaros y los insectos

Si el invierno es seco, los pájaros atacan los cítricos. Los pájaros trilladores y los pájaros carpinteros hacen agujeros en las frutas maduras. El olor de las frutas atrae a los insectos. En pocos días se pudre la fruta. Las frutas dañadas y podridas deben ser eliminadas. Como protección usted puede cubrir los árboles cítricos con una malla fina, preferible de color claro.

Si se ha sembrado lechuga, coliflor, col o cualquier otra hortaliza de invierno se deben entresacar las plantas antes que se desarrollen demasiado. Se prefiere trasplantar en el otoño. Si se siembran directamente en la tierra esto da buen resultado debido a que la temperatura de la tierra es muy favorable para el crecimiento de estas plantas. Puede que se pierdan algunas por el daño causado por las hormigas y los pájaros. Si las sembró en septiembre ahora es el tiempo de separarlas para evitar que se amontonen las unas con las otras y se pongan débiles y se enfermen.

Éste es el resultado de un jardín bien planeado; estas hortalizas de invierno fueron espaciadas correctamente. Las plantas pueden continuar produciendo durante el invierno si se protegen, cubriéndolas con un invernadero temporal de plástico.

Las nueces empiezan a madurar y a caerse en la tierra. Las primeras que caen no son de buena calidad porque no están completamente desarrolladas o han sido dañadas por insectos. Espere a que maduren y se caigan solas. La primera helada del año tumbará muchas nueces; no coma las que no están maduras pues no se digieren bien.

La primera helada

La primera parte de noviembre es muy agradable en el desierto. La primera helada normalmente está relacionada con una luna llena. En esta temporada las hortalizas están creciendo y los árboles están produciendo nuevas ramitas y hojas.

Los tomates verdes y los frijoles

Se recomienda cosechar los tomates aunque estén verdes y buscar en los libros de cocina algunas recetas para aprovecharlos. También puede envolver cada tomate en papel de periódico y guardarlos hasta que maduren, poniendo algunos en lugares que tengan calor y otros en lugares frescos para evitar que todos maduren al mismo tiempo.

Algunos agricultores sacan la planta entera de la tierra y la cuelgan en un lugar fresco que tenga aire hasta que los tomates se maduren. Si a mediados de noviembre no nos sorprende una helada, las plantas continuarán creciendo. Los frijoles continuarán dando frutos. Coseche las vainas frecuentemente para estimular la producción de flores y más vainas. Ayúdelos, aplicando fosfato de amonio a razón de una cucharadita por cada planta y mézclela con la tierra con cuidado de no dañar las raíces y aplíquele un buen riego. El instalar un túnel de plástico claro sobre estas plantas las mantendrá creciendo por casi todo el invierno.

El riego

Los árboles cítricos deben continuar regándose dejando que la superficie de la tierra en la base de los árboles se seque entre los riegos. Otros árboles frutales deben recibir el mismo tratamiento. El frío y la helada no los va a afectar a no ser que tengan nuevos brotes. Dejando que estos árboles se sequen un poco ayuda al período de descanso que ellos necesitan que es generalmente inducido por la temperatura fría.

Las frutas se abren

Las granadas y las naranjas continúan abriéndose y el olor del jugo de las frutas atrae los insectos, tales como los escarabajos, los saltadores y otros. Los escarabajos que son de aproximadamente un octavo de pulgada de largo llevan bacterias en sus patas y pudren las frutas. Recoja las frutas que se caen, pues si las deja en la tierra atraerán más insectos.

Cómo cortar los espárragos

Los espárragos han crecido bien durante el verano pero ahora les llega la hora de descansar. En cuanto las hojas se vuelven color café deje de regar. Corte las hojas al nivel de la superficie del suelo cuando esté seguro que la planta entró en el estado de descanso. Si no lo hace así, el corte actúa como una poda y esto estimula nuevo crecimiento en la planta, lo cual no queremos que ocurra hasta la primavera. Deje que la tierra en la base de la planta se seque. No le ponga abono hasta la primavera. Deje que los espárragos descansen.

Cuidado con usar las cenizas

La primera helada nos conduce a usar la chimenea de la casa, sobretodo en el Día de Dar Gracias. En el este del país, la gente acostumbra aplicar las cenizas en los plantíos; las cenizas tienen una gran cantidad de potasio, que es un alimento de las plantas, y la tierra del desierto contiene suficiente cantidad de potasio; por lo tanto, no debemos usar las cenizas en nuestras plantas.

Noviembre
en su jardín

Noviembre
en su jardín

Las frutas para el Día de Dar Gracias

Es un gran placer el usar hortalizas y frutas cultivadas en nuestros jardines para días especiales. Las frutas de los cítricos no estarán listas para saborearlas con la excepción de las mandarinas. Hay una variedad de manzana llamada Ein Sheimer que crece muy bien en el desierto y es excelente para hacer mermelada. Se necesita tener dos o más árboles de esta variedad de manzana para la polinización. Cuando llega la época de podarlos, hay que hacerlo cortando gran cantidad del árbol para mantenerlo pequeño. Este árbol se puede cubrir con una malla para protegerlo de los pájaros.

Los camotes

Si le queda uno o dos camotes de la comida de los días festivos y no tiene interés en comerlos, no los tire. Se puede iniciar su cultivo y sobre todo a los niños les va a gustar la experiencia de un cultivo dentro de la casa. Corte el camote en dos pedazos y espolvoree la pulpa con azufre para prevenir el ataque de hongos. Coloque los dos pedazos con la pulpa hacia abajo en una bandeja con un hoyo no muy hondo que tenga una mezcla de tierra arenosa. La arena debe tener tres pulgadas de profundidad para permitir que crezcan las raíces. Coloque la bandeja en una ventana que le dé el sol y mantenga la arena húmeda y templada. (Éstas son plantas de época caliente.) Después de uno o dos meses corte las ramitas nuevas o guíelas para que se enreden en un marco. Las raíces viejas se encogen o arrugan porque toda la reserva nutritiva ha sido usada por la planta en su crecimiento. El crecimiento de las hojas necesita nitrógeno, el cual hay que agregar. Si los niños han seguido el proceso pueden atar unos cordones del techo para guiar las ramas a que trepen; naturalmente una vez hecho esto, no puede mover la planta de este lugar. Las ramas crecerán por los cordones hacia arriba y de un lado a otro, y muy pronto tendrán la alegría de ver el éxito del cultivo. Cuando llegue abril desate los cordones del lugar donde puso la planta y póngala en macetas con tierra arenosa. Cuando llegue mayo o junio la tierra se habrá calentado y los pedazos de camote que originalmente sembró tendrán muchas raíces y estarán listos para ser trasplantados. Fertilice y riegue la planta y así tendrá su propio cultivo de camotes. Recuerde que la fruta no da semillas y si usted quiere experimentar, tiene que empezar temprano, en noviembre, para tener éxito en el cultivo de camotes. Asegúrese de vigilar y supervisar todas las actividades de los niños.

---- ❖ ----

Diciembre

En este mes el clima es muy variable; y las plantas no están muy activas ya que los días son cortos con temperaturas bajas. En caso de heladas, que se pueden presentar en cualquier momento, se debe tener lo indispensable para proteger las plantas. En algunos años se pueden observar flores con los colores del otoño en noviembre y diciembre. Los árboles de durazno, chabacano y la granada también nos ofrecen bellos colores del otoño. El árbol de persimonio con sus flores anaranjadas también nos da un buen espectáculo durante la Navidad. Otra planta bonita es la *Photinia fraseri* con sus hojas rojas y verdes. El nopal Santa Rita convierte su color verde en un tono rojizo si el clima es frío. Otras plantas tales como la Nochebuena, la hierba fontana, el lino de Nueva Zelandia, y la nandina convierten sus colores en café oscuro o morado durante esta parte del año.

No pode sus plantas en este mes y deje que ellas entren en su estado de descanso. Tenga paciencia y espere. En el caso de las palmas, no corte ninguna hoja que esté verde. ¿Qué pasa si se poda muy temprano? La savia que corre al final de los cortes actúa como una goma y los hongos y bacterias se pegan a las ramas cortadas produciendo infecciones.

Las hojas que se caen de los árboles ofrecen un buen material de fertilización para cuando se prepara la tierra para sembrar. Haga un montón con las hojas caídas; manténgalas húmedas y cúbralas con alambre de gallinero para que no se vuelen. Cuando la temperatura de este montón de hojas junto con los desperdicios de su cocina alcanza unos 160° F, las bacterias descomponen las hojas y usted tendrá un buen abono para usar en lugar de materiales orgánicos comerciales.

Cuando hay frío, no se preocupe de recoger las frutas de los árboles cítricos. Dele calor a la parte interior del árbol, y cúbralo para protegerlo. Si usted no tiene suficiente material (sábanas); cubra primero los limones, luego las naranjas y las mandarinas, y finalmente el árbol de toronja que es el más resistente a las heladas. No crea que regando va a proteger sus árboles cítricos, porque necesitará como

Arriba Izquierda: Las paredes del jardín pueden atrapar aire frío, reduciendo las temperaturas alrededor de las plantas.

Arriba Derecha: Aun pequeños hoyos en las paredes permiten que el aire frío drene, alejando así el aire frío de las plantas.

seis pulgadas de agua en la base de los árboles todas las noches para darles alguna protección. No use agua fría para regar sus plantas, especialmente las que tiene en macetas o las que tiene dentro de la casa.

Para mantener las flores silvestres, debe regarlas de vez en cuando. Durante el riego aplique un poco de nitrato de amonio si ve que están pálidas. Distribuya el fertilizante a razón de una libra por cada 100 pies cuadrados de terreno y riéguelas bien.

Si tenemos nieve en este mes no es problema, pues la nieve se derrite y actúa como irrigación. Cuando la nieve cae en el follaje de los árboles, sacuda las ramas para que la nieve caiga y no las rompa con su peso.

Los nopales sufren con las heladas y las pencas se caen en la tierra. Si deja las pencas en el suelo éstos se reproducirán vegetativamente. Si los planta enseguida, debe espolvorear un poco de polvo de azufre para evitar el daño por hongos y bacterias. Es mejor dejarlos secar debajo de un árbol y estarán listos para trasplantarlos en más o menos tres semanas.

Las pencas de nopal se caen después de una helada; ésta es la forma que tiene la naturaleza de podar y propagar estas plantas. Las pencas fácilmente se pudren donde se caen; es recomendable limpiar el área y plantar algunas pencas en otro lugar del jardín.

Realmente, no hay mucho que hacer en diciembre. Una de las pocas actividades es corregir los daños causados por las heladas y el viento. Prepare la tierra para la primavera y revise sus herramientas del jardín.

En resumen:

❖ Deje que sus plantas entren en la fase de descanso.
❖ No se preocupe en cosechar los frutos de los cítricos que todavía están en el árbol.
❖ Fabrique el túnel de plástico (invernadero) para proteger las plantas.
❖ Es importante consultar los catálogos de semillas acerca de los términos "indeterminado" y "determinado" (vea p. 105).

El compuesto de las hojas residuales caídas

En esta época del año las hojas no empiezan a caerse de los árboles
hasta que llega un buen frío, más o menos a mediados del mes. Puede
utilizar las hojas que caen de los árboles, por eso no las tire. Cuando
se descomponen, se convierten en un buen abono. Ahora en el
invierno todo ese material de hojas y ramas secas no tiene uso, pero
en unas seis semanas cuando se está preparando la tierra para la
siembra del verano este abono es de gran ayuda. Es más económico
que el que se compra en las tiendas.

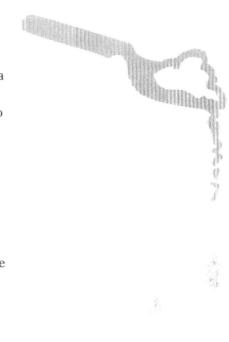

Es mejor preparar el abono sobre la superficie del suelo y
protegerlo con alambre para que no se desparrame. Algunos lo
preparan en bolsas de plástico; conviene dejar que penetre el aire para
que las bacterias actúen, descomponiendo el material vegetal. Es
mejor poner las hojas a distinto tiempo; las primeras se van apretando
y dejan espacio para las siguientes junto con los desperdicios
vegetales de cocina para formar un montón. Mantenga el montón
mojado, éste se calentará y en unos días empezará la actividad
bacteriana. La temperatura del montón alcanzará casi 120º F, lo cual
mata las semillas de las malezas y los organismos que pueden causar
enfermedades en las plantas. Revise el montón para saber si se ha
calentado, porque si se mantiene frío esto significa que no hay
actividad bacteriana y entonces tiene que mojarse. También es posible
que no le entre suficiente aire al montón. Debe voltear el montón
frecuentemente. Puede agregar otros desperdicios vegetales de la
cocina, pero no use el montón como lugar para tirar la basura.

El túnel/invernadero de plástico

La primera indicación de temperaturas frías nos hace recordar que las
plantas necesitan tener calor si es que van a seguir creciendo. El frío
es bueno para los árboles frutales. Éstos necesitan descanso para que
puedan producir, pero tenemos que vigilar que las hortalizas de
invierno sigan creciendo, haciendo un túnel de plástico a manera de
invernadero. Para los jardines de la casa debemos hacer lo que los
agricultores profesionales hacen con sus plantas en el invierno,
cubriéndolas con un plástico para protegerlas. Para hacer un túnel hay
que hacer un marco sobre la siembra de hortalizas. Esto es fácil si se
usa la malla de metal utilizada en construcción, de cuadros de seis
pulgadas, para hacer un arco. Corte secciones de diez pies de largo;
estas secciones hacen un buen arco de cuatro pies de ancho. Cubra el
arco con un plástico claro de 12 pies de ancho por seis de largo y de
cuatro a seis milímetros de grueso. Los dos pies extra le sirven para
asegurar el plástico a los lados del arco con piedras o bloques. Se
necesita material extra para cerrar el túnel en los dos extremos,
agregando diez pies más de plástico, el que se dobla y se sujeta
igualmente con piedras o bloques. En días soleados, mantenga el túnel
cerrado para que la humedad se establezca dentro del túnel. El aire
húmedo absorbe el calor y lo guarda mejor que el aire seco. Al mismo
tiempo, al condensarse la humedad dentro del túnel, caerá en forma

Otra forma de conservar la humedad es hacer surcos para sembrar y cubrirlos con un plástico claro.

de gotas de agua en la tierra. Mantenga el túnel cerrado todo el tiempo, pero vigile que las plantas y la tierra no se calienten excesivamente. Si los días se ponen muy calientes, abra uno o tal vez los dos extremos para ventilar el área. No deje que la tierra se seque. Use el túnel por los siguientes tres o cuatro meses de temperatura fría para mantener las hortalizas de invierno creciendo y desarrollándose. En el interior del túnel se está usando el calor del sol para crear un microclima de 20 a 30º F más caliente que la temperatura exterior.

Cómo usar un marco frío

Esto es prácticamente una caja cubierta por un cristal donde se pone un semillero y pequeñas plantas antes de trasplantarlas en la tierra. Igual que el túnel, este sistema usa la luz solar y debe colocarse en la parte sur del jardín. Construya la parte frontal lo más baja posible para que pase la luz solar. Mantenga la caja cerrada durante el tiempo frío, pero empiece a descubrirla en cuanto aumente la temperatura. Si su jardín no tiene una parte que recibe el sol en la parte oeste o sur, no use este método.

Cómo hacer una cama caliente

La cama caliente se hace igual que el marco frío pero usando un cable eléctrico instalado en la tierra. La electricidad nos da el calor en lugar del sol; sin embargo, debemos recordar que las plantas requieren luz para crecer bien, por lo que hay que darles alguna luz. Los marcos viejos de las ventanas sirven bien en este sistema. Haga la pared de la cama con pedazos de madera o bloques, pero como ésta es solamente temporal, no pierda tiempo con ella; construya algo que sea funcional. La pared del frente debe ser de un pie de alto y la de atrás de dos pies. El declive de las paredes laterales tiene que asegurarse bien con la tapa. Si no tiene un marco de ventana, use un pedazo de plástico corrugado. Use una lámina de plástico de ocho pies de largo y córtela por la mitad, haciendo dos de cuatro pies. Coloque los marcos uno al lado del otro para hacer una superficie de cuatro pies cuadrados en cada uno. Si las paredes son de ladrillo, tiene que asegurar una ventilación adecuada. Cuide que la cubierta no quede floja, pues el aire la puede volar. Extienda el cable eléctrico en la tierra cubriéndolo con una tela para evitar que se dañe con la pala u otra herramienta de jardín. Una o dos pulgadas de tierra sobre la tela que cubre el cable hace que se mantenga el calor. Vigile que la tierra no se seque o se ponga muy caliente.

Cómo plantar en tierra modificada

Otra forma de usar el sol del invierno es plantar directamente en un saco que contiene una mezcla de tierra para macetas y abono; la siembra se efectúa sin tener que abrir el saco. No debe usarse abono de animales, porque contiene nutrientes a niveles muy concentrados.

Puede también usarse la pila del abono ya sea la parte de arriba con hojas frescas o la parte más vieja, pues lo que se quiere hacer es darle calor y materia orgánica a las plantas.

Las macetas se colocan en un lugar soleado y si las noches se vuelven frías, las plantas deben cubrirse con una tela ligera. Las hortalizas de invierno que se sembraron en octubre crecerán bien durante este mes, pero el crecimiento disminuirá y estaremos un tanto frustrados. También se pueden ayudar poniéndoles un galón plástico, que se corta más o menos por la mitad, encima de las plantas, si no quiere hacer el túnel, lo que funciona como un invernadero para cada planta, protegiéndolas también del aire frío. Seguramente va a necesitar varios galones plásticos. Cuando se usan estos galones deben asegurarse bien a la tierra alrededor de la planta para protegerla de gusanos e insectos. No es práctico sembrar o plantar en esta parte del año, cuando la temperatura es fría.

Las frutas de los árboles cítricos

Con las bajas temperaturas, las hojas de los cítricos cambian de un color verde a un color anaranjado y luego amarillo. El color anaranjado de las frutas se debe a la temperatura fría y no significa que estas frutas tienen buen contenido de azúcar y están listas para comerlas. Las mandarinas de Argelia son las primeras frutas cítricas que maduran, algunas veces para el Día de Dar Gracias, pero más probable para la Navidad. Una vez que las mandarinas están listas para comer, córtelas del árbol. Las naranjas *navel* empiezan a madurar en diciembre al igual que las mandarinas Minneola. Las toronjas no estarán listas para comer hasta marzo o abril, no obstante su apariencia. Los limones y las limas estarán maduras, aunque algunas aún tienen un color verde. En los mercados éstos son amarillos, pero es por el tratamiento que le dan para que maduren. No se apresure a cortarlos aunque ya estén amarillos. Los puede dejar en el árbol hasta el mes de marzo.

Cómo proteger los árboles cítricos de los pájaros

Los pájaros dañan con frecuencia las frutas en nuestros árboles perforando hoyos, los que se llenan de gusanos y otros insectos. Estos hoyos los hacen los pájaros carpinteros que han descubierto que hay buen alimento colgado de las ramas. Tradicionalmente se usan una serie de trucos para espantarlos, muchas veces con poco éxito. Algunas personas han notado que un tratamiento efectivo para ahuyentarlos es el colgar una figura de un halcón hecha de cartón. Las frutas dañadas deben ser recogidas para evitar la infección bacteriana. Los árboles pueden ser protegidos de los pájaros rociándolos con el linimento Sloanes® a razón de dos cucharadas y un poquito de detergente por cada galón de agua tibia. Este producto también protege las frutas de la piracanta.

La infección viscosa

Aunque quiera hacer más para ayudar a los árboles frutales en esta época, no los pode ni los fertilice en este mes. La mejor época es cuando los niveles de savia son bajos; esto ocurre en enero o febrero. Si lo hace ahora verá que en cada corte habrá goteo de savia. Estos cortes van a causar infecciones viscosas. No fertilice las plantas y los árboles que están en descanso. Evite la tentación de hacerlo en diciembre, sobretodo si la temperatura no está muy fría. Las plantas necesitan detener el proceso de crecimiento y los árboles cítricos necesitan retener energía para defenderse de las posibles heladas. Lo que puede hacer ahora es comenzar a preparar los hoyos de cinco pies cuadrados por cinco pies de profundidad para plantar árboles. Debe escogerse el lugar apropiado según el tamaño de cada árbol cuando crezca para que pueda darle una vista agradable cuando florezca y dé frutos.

La irrigación profunda

En esta época debe disminuirse la irrigación. Las lluvias de invierno son beneficiosas cuando son ligeras y continuas, como ocurre en algunos años; el agua penetra bien en la tierra de nuestros jardines. Si se ha tenido problema con fertilización excesiva, con el uso de agua con muchas sales o con una irrigación escasa, ahora es la oportunidad de hacer llegar el agua en la tierra a la profundidad requerida. Esto se debe a que el agua penetra fácilmente arrastrando las sales que se han acumulado en las raíces de las plantas. Si las lluvias del invierno son continuas y el clima es templado, las hortalizas que se sembraron en septiembre continuarán creciendo muy bien. Éste es un buen mes si recibimos el nivel promedio de precipitación pluvial.

La lechuga

Generalmente, las primeras siembras de lechuga se efectúan al final del mes de agosto y se continúa sembrando cada mes subsecuente hasta el mes de mayo. Aunque la lechuga prefiere temperaturas frescas, a veces nos impacientamos al ver que ésta no crece rápido. Podemos ayudarla aplicando nitrato de amonio en lugar de sulfato de amonio. Hay que usar el nitrato a más baja concentración. Una cucharadita para cada tres o cuatro plantas cada dos semanas ayudará a estas plantas. Las hojas que están pálidas se pondrán verde brillante y aumentarán de tamaño. La lechuga de cabeza no crece como la lechuga de hoja. Cuando siembre, alterne el tipo de lechuga y obtendrá una buena variedad para sus ensaladas. La lechuga de cabeza demora 75 días o más para madurar, mientras que la de hoja está lista en 40 días. Lo mejor es usar las variedades que maduran rápidamente. En esta época no hay problema con las hormigas, pero sí con los gusanos cortadores de las hojas que viven en la tierra, los cuales salen de noche y atacan las hojas y los tallos.

Los regalos prácticos de jardinería para sus amigos jardineros

No regale semillas o plantas que no sean propias de la región. Un buen regalo para los niños es un paquete para empezar la labor de jardinería. Un arbolito frutal es también un buen regalo. Si la persona vive en un apartamento con espacio limitado, un barril de madera es bien apreciado pues lo puede usar para diferentes clases de siembras. Un saco de tierra para la siembra es útil y práctico o alguna herramienta de jardín. También un buen termómetro de máxima y mínima, una suscripción a una revista de jardinería o un libro son buenos regalos.

Los catálogos de semillas

Estos catálogos comienzan a llegar en el correo durante este mes. Las compañías de catálogos saben que la jardinería del desierto es diferente a la del este del país, pero insisten en ofrecer un bono si ordena antes de mayo 15. Aquí en el desierto ésta es una fecha muy tardía. Por ejemplo, debemos ordenar las semillas de tomate este mes y sembrarlas a mediados de enero. Los catálogos presentan fotos, dibujos, ilustraciones, etc., con colores muy llamativos para vender su mercancía pero no siempre son plantas para terreno desértico. Es muy interesante saber que hay compañías que hacen trabajos de investigación para obtener plantas para ser usadas en los jardines de las casas, pero estas nuevas variedades generalmente no han sido probadas en el terreno desértico. En los Estados Unidos hay una gran variedad de semillas de frutas y hortalizas de los países europeos. Estas semillas necesitan un tiempo de crecimiento largo, por lo que dan mejor resultado en los estados del mediooeste, pero no se comportan bien en la zona del desierto, donde el tiempo de crecimiento es corto, debido al calor de esta región.

Cuando ordene sobres de semillas por catálogo, fíjese que tengan escrito en letras rojas la palabra "determinante", que significa que éstas van a producir flores y frutos en un período de tiempo corto y después no producirán más. Si tiene la palabra "indeterminante", significa que las semillas van a producir flores y frutas en un período largo de tiempo, o sea que para ver el producto de la siembra con estas semillas tendrá que esperar mucho tiempo.

Hace algunos años se desarrolló una variedad de chile dulce con la característica de que la planta producía la fruta en la parte exterior del follaje. Aquí en el desierto cualquier fruta que se desarrolle muy expuesta en la parte exterior del follaje se quema muy fácilmente con la radiación solar. Por lo tanto, las mejores plantas para nuestra área son las que producen las frutas en la parte interior del follaje. Lo ideal es una planta que comience a producir frutas temprano y mantenga su producción no obstante los cambios de temperatura. Recientemente los catálogos han comenzado a poner al lado del nombre de la variedad un número entre paréntesis que nos indica el tiempo de germinación de las semillas. Es buena información que no debemos ignorar.

Diciembre
en su jardín

Diciembre
en su jardín

Cuente los días, recuerde que el suelo comienza a calentarse a mediados de marzo, y ésta es una buena época para plantar o sembrar. De la mitad de diciembre a la mitad de enero, es una época en que lo único que podemos hacer es dejar que las plantas sigan creciendo y cosechar sus frutos.

Los fertilizantes

Durante el invierno, continúe usando nitrato de amonio frecuentemente y en pequeñas cantidades. Use una cucharadita para dos o tres plantas cada dos semanas. Cuando se aplique el polvo de un fertilizante, lo mejor es mojar la tierra primero, aplicar el fertilizante y volver a regar. Si el polvo cae en las hojas de las plantas, debe lavarlas enseguida. También se puede usar el nitrato de amonio, haciendo una solución de una cucharadita por galón de agua. El nitrato se disuelve muy bien en agua.

Tabla 1.

La temperatura del suelo para la germinación de las semillas de las hortalizas (°F)

vegetal	mínima	variación óptima	óptima	máxima
Acelga	40	50–85	85	95
Alubia (frijol)	60	60–85	80	95
Berenjena	60	75–90	85	95
Calabaza (de cuello)	60	70–95	95	100
Calabaza (grande)	60	70–90	95	100
Cebolla	35	50–95	75	95
Col, repollo	40	45–95	85	100
Coliflor	40	45–85	80	100
Chícharo	40	40–75	75	85
Espárrago	50	60–85	75	95
Espinaca	35	45–75	70	85
Haba lima	60	65–85	85	85
Lechuga	35	40–80	75	85
Maíz	50	60–95	95	105
Melón almizcleño	60	75–95	90	100
Nabo	40	60–105	85	105
Pepino	60	60–95	95	105
Pimiento	60	65–95	85	95
Quingombó (*okra*)	60	70–95	95	105
Rábano	40	45–90	85	95
Remolacha	40	50–85	85	95
Sandía, melón rojo	60	70–95	95	105
Tomate	50	60–85	85	95
Zanahoria	40	45–85	80	95

Tabla 2.

Fechas para plantar hortalizas de acuerdo con la elevación del lugar

vegetal	zona 1 10–1,000 pies	zona 2 1,000–2,000 pies	zona 3 2,000–3,000 pies	zona 4 3,000–4,500 pies
Acelga	sep 1–ene 1	sep 1–mar 1	ago 15–abr 1	jul 15–sep 15
Ajo	sep 1–dic 1	sep 1–dic 1	sep 1–ene 1	feb 15–abr 10
Alubia, frijol	feb 1–mar 1	feb 15–mar 15	mar 1–abr 1	abr 25–jul 15
	ago 1–sep 1	jul 25–ago 15	jul 15–ago 15	
Apio	oct 15	ago 15–oct 15	ago 1–oct 15	mayo 15–jun 20
Berenjena	ene 15–abr 1	feb 1–abr 1	abr 1–mayo 15	mayo 1–jun 15
Bróculi	sep 1–ene 1	sep 1–dic 1	jul 25–oct 1	abr 15–jul 15
Calabaza	jul 15–ago 15	jul 1–ago 1	abr 1–jul 15	mayo 15–jul 1
Calabaza (verano)	dic 15–abr 10	feb 1–mayo 1	mar 15–jul 15	mayo 10–jul 15
Calabaza (invierno)	jul 15–ago 15	jul 1–31	jul 1–31	mayo 10–jul 1
Camote	mar 1–jun 20	mar 1–jun 1	mayo 1–jun 15	mayo 10–25
Cebolla (semillas)	nov 1–dic 15	oct 15–ene 1	oct 15–ene 1	nov 1–dic 15
				ene 15–mar 15
Cebolla (seca)	nov 15–ene 15	nov 1–feb 1	nov 1–feb 15	nov 15–ene 15
				feb 15–abr 15
Cebolleta	sep 15–ene 15	sep 1–feb 1	ago 15–feb 1	feb 15–mayo 1
Col (semillas)	sep 1–nov 20	ago 15–dic 1	ago 1–dic 1	feb 15–abr 15
Col (planta)	oct 1–dic 1	sep 15–ene 1	sep 1–feb 1	mar 15–mayo 1
				jul 10–ago 20
Col china	sep 15–dic 1	sep 1–ene 1	ago 15–ene 15	jul 1–sep 15
Col rizada	sep 1–dic 1	sep 1–dic 1	ago 15–feb 15	feb 1–mar 20
				ago 1–sep 15
Coles de Bruselas	sep 1–ene 1	sep 1–dic 1	ago 15–oct 1	jul 1–ago 1
Coliflor	Igual que la col en todas las zonas			

vegetal	zona 1 10–1,000 pies	zona 2 1,000–2,000 pies	zona 3 2,000–3,000 pies	zona 4 3,000–4,500 pies
Colinabo	sep 1–dic 1	sep 1–dic 1	sep 1–feb 1	feb 15–abr 1
Collard	sep 15–dic 1	sep 1–ene 1	sep 1–ene 15	jun 15–ago 1
Chícharo (otoño)	sep 10–20	ago 15–sep 15	ago 15–sep 15	jul 20–ago 25
Chícharo (primavera)	ene 20–feb 15	oct 15–dic 15	feb 1–mar 15	feb 1–mar 15
Chirivía	No se adapta	sep 1–ene 1	sep 1–ene 15	mar 1–mayo 1
Ejote	ago 1–sep 1	jul 15–ago 15	jul 15–ago 10	abr 25–jul 15
Escarola	sep 1–dic 1	sep 1–ene 1	sep 1–feb 1	feb 1–abr 1
Espárrago	oct 1–feb 1	oct 1–mar 1	oct 1–mar 1	feb 15–abr 1
Espinaca	sep 15–feb 1	sep 1–feb 1	ago 20–mar 1	feb 15–abr 15
				jul 15–ago 15
Haba lima	feb 1–mar 1	feb 15–mar 15	mar 1–abr 1	abr 25–jul 15
Haba soja	mar 1–mayo 1	mar 15–jun 1	abr 1–jun 1	mayo 15–jul 1
Lechuga (cabeza)	sep 20–nov 20	sep 1–ene 1	sep 1–feb 15	feb 15–mar 15
				jul 15–ago 15
Lechuga (hoja)	sep 20–ene 1	sep 1–mar 1	ago 20–abr 1	mar 1–abr 15
				jul 15–sep 1
Maíz (tierno)	feb 15–mar 1	feb 15–mar 15	mar 15–abr 1	mayo 10–jul 15
	jul 30–ago 30	jul 20–ago 20	jul 15–ago 15	
Maíz mexicano de junio		jun 20–jul 20	jul 1–5	mayo 10–jul 15
Melón almizcleño	ene 15–abr 10	feb 15–abr 1	abr 1–jul 15	mayo 10–jun 15
		jul 1–ago 1		
Melón cantalupo	ene 15–abr 10	feb 15–abr 1	mar 15–jun 1	mayo 1–jun 20
Mostaza	sep 15–dic 15	sep 1–ene 1	sep 1–feb 1	feb 15–jul 15
Nabo	sep 1–dic 1	sep 1–dic 1	sep 1–feb 1	feb 15–abr 1
Nabo sueco (rutabaga)	sep 15–ene 15	sep 1–ene 1	ago 20–mar 1	mar 1–abr 1
Papa (irlandés)	sep 1–feb 15	feb 1–mar 15	feb 15–mayo 1	mar 20–abr 20

vegetal	zona 1 10–1,000 pies	zona 2 1,000–2,000 pies	zona 3 2,000–3,000 pies	zona 4 3,000–4,500 pies
Pepino	ene 15–abr 1	mar 1–abr 1	mar 20–mayo 15	mayo 10–jun 15
Perejil	oct 1–ene 15	sep 1–ene 1	sep 1–ene 15	mayo 1–jun 15
Pimienta (semilla)	nov–ene	feb 1–mar 1	feb 15–mar 15	feb 15–mar 30
Pimienta (planta)	feb 1–mar 15	mar 1–abr 1	abr 1–jun 1	mayo 10–jun 1
Puerro	sep 15–dic 15	sep 1–ene 1	sep 1–ene 15	feb 15–abr 10
Quingombó (*okra*)	mar 1–abr 15	mar 1–jun 1	abr 1–jun 15	mayo 10–jul 1
Rábano	sep 1–abr 1	sep 1–abr 15	ago 5–mayo 1	mar 1–mayo 15
Rábano picante	No se adapta	No se adapta	nov 1–feb 1	feb–abr
Remolacha	sep 15–mar 1	sep 1–mar 15	ago 25–abr 1	mar 1–mayo 15
Ruibarbo	No se adapta	No se adapta	oct 1–mar 1	mar 1–abr 20
Salsifí	No se adapta	No se adapta	oct 1–dic 1	mar 15–jun 1
Sandía, melón rojo	ene 15–abr 1	feb 15–abr 1	mar 15–jun 1	
Tomate (semilla)	nov–ene	ene 1–mar 1	ene 10–feb 15	mar 1–abr 1
Tomate (planta)	ene 15–mar 15	feb 15–mar 15	mar 15–abr 15	
Zanahoria	jul 15–ago 15	sep 1–mar 1	ago 25–mar 15	jul 15–sep 15
	sep 1–ene 1			mar 1–mayo 10

De la guía de jardinería del Arizona Extension: *Ten Steps to a Successful Vegetable Garden*
por Norman F. Oebker, especialista en hortalizas del Arizona Extension.

Tabla 3.

Conversiones y equivalentes al sistema métrico-decimal

1 kilogramo	2.2 libras
4 cuartos	1 galón
1 metro	3.3 pies
1 metro	1.09 yardas
1 kilometro	0.62 millas

Temperatura: Para convertir los grados de Fahrenheit a centígrados:

1. Reste a la lectura en grados de Fahrenheit 32
2. Multiplique el resultado por 5
3. Divida el resultado por 9

Por ejemplo:

100° F	equivale a	37.7° C
70° F	equivale a	21.1° C
30° F	equivale a	−1.11° C

Glosario

ácaro	*mite*
camote	batata
chabacano	albaricoque
durazno	melocotón
ejote	judía verde
gallina ciega	*white grub*
nabo sueco	rutabaga
persimonio	placaminero, caqui
pudrición texana	*Texas root rot*
pulgón	*aphid*
quingombó	*okra*
remolacha	betabel
repollo	col
rezadora	mantis religiosa
zacate	césped

Referencias

Art, Pamela B., ed. *The Wise Gardening Encyclopedia*. New York: Harper Collins, 1970.

Brookbank, George. *Desert Gardening: Fruits and Vegetables*. Tucson: Fisher Books, 1991.

Brookbank, George. *Desert Gardening: Landscaping*. Tucson: University of Arizona Press, 1992.

Evans, Doris, y Jesús García. *Desert Life: A Vocabulary*. Tucson: Arizona Sonora Desert Museum Press, 1998.

Fischer, Anne, y Mike Hills. *The Low Desert Herb Gardening Handbook*. Tucson: Arizona Herb Association, 1997.

Gardening in Spanish/Jardinería feliz. Vista, CA: Ammie Enterprise, 1985.

Guerrero, José Cosme. *El control de enfermedades y plagas de césped y plantas ornamentales*. Sonora, Mex.: University of Sonora, 1984.

Guía para la asistencia técnica agrícola. Hermosillo, Mex.: Instituto Nacional de Investigaciones Agrícolas, 1984.

Illustrated Guide to Gardening. Pleasantville, N.Y.: Reader's Digest, 1981.

Metrics Made Easy. Hauppauge, N.Y.: Barron's Educational Series, 1982.

Oxford-Duden Pictorial Spanish-English Dictionary. 2d ed. Oxford: Clarendon Press, 1995.

Ramondino, Salvatore, ed. *The New World Spanish/English Dictionary*. New York: New American Library, 1969.

Real Academia Española. *Diccionario de la lengua española*. Madrid: Editorial Espasa Calpe, 1992.

Velázquez, Mariano de la Cadena, Edward Gray y Juan L. Iribas. *Spanish-English Dictionary*. New York: Follett, 1990.

Watrous, B. B., comp. *A Desert Gardener's Glossary*. Tucson: Pima County Cooperative Extension, University of Arizona, 1990.